高等院校旅游专业系列教材

旅游企业岗位培训系列教材

旅游线路设计

王春艳　张百菊　主　编

梁艳智　郑转玲　副主编

U0360036

清华大学出版社

北京

内 容 简 介

本书根据国际旅游业发展的新特点，结合旅游线路设计操作规程，系统介绍旅游线路类型、旅游线路设计基础、市场调研、方法步骤流程、要素设计、旅游线路产品市场营销等旅游线路设计基本理论知识，并通过指导学生实训，强化应用能力培养。

本书具有知识系统、贴近实际、注重应用等特点，因而既可作为高等教育本科旅游管理专业的首选教材，同时兼顾应用型大学、高职高专院校的教学，也可以用于旅游企业从业者的在职培训，并为广大中小微旅游企业创业就业者提供有益的学习指导。

图书在版编目（CIP）数据

旅游线路设计/王春艳，张百菊主编. —北京：清华大学出版社，2022.11（2025.7重印）
高等院校旅游专业系列教材、旅游企业岗位培训系列教材
ISBN 978-7-302-61994-9

Ⅰ．①旅…　Ⅱ．①王…　②张…　Ⅲ．①旅游路线－设计－高等学校－教材　Ⅳ．①F590.63

中国版本图书馆 CIP 数据核字(2022)第 183987 号

责任编辑：陆浥晨
封面设计：常雪影
责任校对：王荣静
责任印制：沈　露
出版发行：清华大学出版社
　　　　　网　　　址：https://www.tup.com.cn，https://www.wqxuetang.com
　　　　　地　　　址：北京清华大学学研大厦 A 座　　　　　邮　　编：100084
　　　　　社 总 机：010-83470000　　　　　　　　　　　邮　　购：010-62786544
　　　　　投稿与读者服务：010-62776969，c-service@tup.tsinghua.edu.cn
　　　　　质 量 反 馈：010-62772015，zhiliang@tup.tsinghua.edu.cn
　　　　　课 件 下 载：https://www.tup.com.cn，010-83470332
印 装 者：三河市天利华印刷装订有限公司
经　　销：全国新华书店
开　　本：185mm×260mm　　　　印　张：10.25　　　字　　数：220 千字
版　　次：2022 年 11 月第 1 版　　　　　　　　　　印　　次：2025 年 7 月第 4 次印刷
定　　价：49.00 元

产品编号：093624-01

旅游系列教材编审委员会

序　言

随着我国改革开放进程加快和国民经济的高速发展，交通与通信技术的不断进步，旅游景区（点）维护、旅游文化挖掘及宾馆酒店设施设备的不断完善，居民收入和闲暇时间的增多，旅游正日益成为现代社会人们主要的生活方式和社会经济活动，大众化旅游时代已经快速到来。

旅游作为文化创意产业的核心支柱，在国际交往、文化交流、扶贫脱贫、拉动内需、解决就业、丰富社会生活、促进经济发展、构建和谐社会、弘扬中华文化等方面发挥着巨大作用，旅游已成为当今世界经济发展最快的"绿色朝阳产业"。

2021 年 5 月，文化和旅游部印发《"十四五"文化和旅游市场发展规划》，规划确定了"十四五"时期旅游业发展的总体思路、基本目标、主要任务和保障措施，是未来我国旅游业发展的行动纲领和基本遵循，为我国的旅游业发展指明了方向。

随着全球旅游业的飞速发展，旅游观念、产品、营销方式、运营方式及管理手段等都发生了巨大变化，面对国际旅游业激烈的市场竞争，旅游行业的从业员工急需更新观念、提高服务技能、提升业务与道德素质，旅游行业和企业也在呼唤"有知识、懂管理、会操作、能执行"的专业实用型人才。加强旅游经营管理模式的创新、加速旅游经营管理专业技能型人才培养已成为当前亟待解决的问题。

针对我国高等职业教育旅游管理专业知识老化、教材陈旧、重理论轻实践、缺乏实际操作技能训练等问题，为满足社会就业发展和日益增长的旅游市场需求，我们组织多年从事旅游教学实践的国内知名专家教授及旅游企业经理共同精心编撰了本套教材，旨在迅速提高大学生和旅游从业者专业素质，更好地服务于我国旅游事业。

本套教材根据大学旅游管理专业教学大纲和课程设置，融入旅游管理的最新实践教学理念，坚持以习近平新时代中国特色社会主义思想为指导，力求严谨，注重新发展理念，依照旅游活动的基本过程和规律，全面贯彻国家新近颁布实施的旅游法规及各项管理规定，按照旅游企业用人需求，结合解决学生就业，注重校企结合，贴近行业企业业务实际，强化理论与实践的紧密结合，注重管理方法、实践技能与岗位应用的培养，并注重教学内容和教材结构的创新。

本套教材的出版，对帮助学生尽快熟悉旅游操作规程与业务管理，毕业后能够顺利走上社会就业具有特殊意义。

牟惟仲

2021 年 10 月

前　言

随着中国特色社会主义进入新时代，人民日益增长的美好生活需要和不平衡不充分的发展之间的矛盾越发凸显，旅游业进入由高速增长阶段向高质量发展阶段转变和调整的关键时期。"十四五"期间，中国旅游业将围绕优势旅游供给、旅游区域协调发展等方面进行创新发展，商务旅游、文化旅游、数字文旅、亲子游、研学游、探亲旅游、购物旅游、全域旅游和乡村旅游将成为新时期旅游业发展的重点。

新时期人们对旅游线路规划设计的需求更加多样化、专业化、主题化，深度游、私人定制旅游产品越来越受旅游市场的青睐。为了满足旅游市场需求，使旅游者获得更好的旅游体验，旅行社应着力深耕旅游线路，注重地区、线路、领域资源的深度挖掘与组合。旅游线路设计工作需要更好地适应市场需求变化。

旅游管理是一门应用性较强的学科，高等学校旅游管理专业学生亟须了解旅游业态发展趋势，提高旅游线路设计能力，为就业打下良好的基础。为满足学习者的需要，提升旅游管理专业的教学质量，促进专业建设，此次编写体系完善、适用性和应用性强的《旅游线路设计》教材非常及时、必要。

本书作为高等职业教育旅游管理专业的特色教材，坚持科学发展观，严格按照教育部"加强职业教育、突出实践技能培养"的教育改革精神，针对旅游线路设计的特殊教学要求和职业能力培养目标，既注重旅游线路设计与旅游新业态需求的有机结合，又注重旅游线路设计活动中的细节实训。本书的出版对帮助学生熟练掌握旅游线路设计操作规程、提高业务技术素质、尽快走上社会顺利就业具有特殊意义。

旅游线路设计是高等教育旅游管理专业的核心主干课程，也是旅游策划、线路设计从业者必须掌握的关键技能。

本书由李大军策划并组织，王春艳和张百菊主编，梁艳智、郑转玲副主编，王春艳统改稿，马继兴审定。作者分工如下：王春艳第一章、第二章、第四章，梁艳智第三章，郑转玲第五章，张百菊第六章、第七章、第八章，李晓新文字版式修改、制作教学课件。

在教材编著过程中，编者参阅了大量关于旅游线路设计的最新书刊、网站资料、国家历年颁布实施的旅游法规和管理制度，并得到有关专家教授的具体指导，在此一并致谢。为方便教学，本书配有电子课件，读者可以从清华大学出版社网站免费下载。因编者水平有限，书中难免存在疏漏不足，恳请专家和读者批评指正。

编者

2021 年 10 月

目　　录

第一章
旅游线路设计概述

【学习目标】

旅游线路是旅游产品的核心表现形式。旅游线路设计就是合理地将旅游资源串联起来，为旅游者提供相应的旅游内容和服务。科学的旅游线路设计，无论是对促进区域旅游开发，还是提高旅游企业效益和引导旅游客流，都具有十分重要的意义。通过本章的学习：

1. 了解旅游线路的概念，对旅游线路设计有基本的认知；
2. 了解旅游线路的特点；
3. 熟悉旅游线路设计的主要内容，掌握影响旅游线路设计的主要因素；
4. 理解旅游线路设计的重要意义。

业界新闻

沿着"百条线路"学习百年党史

习近平总书记在"七一"重要讲话中指出，初心易得，始终难守。以史为鉴，可以知兴替。我们要用历史映照现实、远观未来，从中国共产党的百年奋斗中看清楚过去我们为什么能够成功、弄明白未来我们怎样才能继续成功，从而在新的征程上更加坚定、更加自觉地牢记初心使命、开创美好未来。

为引导广大干部群众更加深入地学习党史，文化和旅游部联合中央宣传部、中央党史和文献研究院、国家发展和改革委员会发布了"建党百年红色旅游百条精品线路"（以下简称"百条线路"）。文化和旅游部党组书记、部长胡和平在习近平总书记"七一"重要讲话精神专题学习研讨班开班动员会上指出，要以习近平总书记"七一"重要讲话精神为指引，继续做好"建党百年红色旅游百条精品线路"宣传推广等工作。"百条线路"公布两个多月以来，各地积极推出相关活动，扩大宣传影响力，生动展现中国共产党的百年历程，擦亮红色旅游名片。

首都经济贸易大学旅游研究中心主任蔡红表示，"百条线路"具有引领和示范作用，在吸引团体游客的同时，也有利于扩大红色旅游的散客市场。

资料来源：赵腾泽，吴健芳，陈俊成，等. 沿着"百条线路"学习百年党史[N]. 中国旅游报，2021-08-10（001）.

第一节　旅游线路的概念和特点

一、旅游线路的概念

有关旅游线路的概念，众说纷纭，从 20 世纪 80 年代起，国内旅游学科开始兴起，学者们根据自己研究的需要以及不同的学术背景，从市场学、规划学、产品学等角度，形成了以下几种基本观点。

（一）市场学角度

随着我国从计划经济体制向市场经济体制的转变，学术界开始注重市场的研究。汪月启（1993）指出旅游线路是旅游服务部门（如旅行社）根据市场需求分析而设计出来的包括旅游活动全过程所需提供服务全部内容的计划线路。湘潭大学阎友兵（1996）认为旅游线路是旅游服务部门根据市场需求，结合旅游资源和接待能力，为旅游者设计的包括整个旅游过程中全部活动内容和服务的旅行游览路线。

（二）规划学角度

早期旅游线路的研究多强调旅游线路是旅游相关部门为旅游者设计的具体观光线路或途径，从这一角度定义旅游线路的学者大多具有地理学学科背景。

西北大学雷明德（1988）认为，旅游线路是旅游部门为旅游者设计的进行旅游活动的路线，是由交通线把若干旅游点或旅游城市合理地贯穿起来的路线。

庞规荃（1989）认为，旅游线路是指在一定的区域内，为使游人能够以最短的时间获得最大观赏效果，由交通线把若干旅游点或区域合理地贯穿起来，并具有一定特色的路线。

管宁生（1999）认为，一个旅游区域内的若干景点处于不同的空间位置，对这些景点游览的先后顺序可以有多种，由此产生不同的旅游线路。

（三）产品学角度

还有学者从市场营销学角度出发，认为旅游线路是一种旅游产品，从产品学角度去理解旅游线路。

杨晓国（1996）认为，旅游线路是指旅游企业根据客源的不同流向，在一定地域空间所实施的具有交通使用意义和旅游市场意义的一种旅游商品之间的积极组成形式。

陈志学（1994）认为，旅游线路是指旅行社生产的包价旅游产品，根据旅游资源和接待能力以及旅游者的需要而规划出来的旅游途径。

魏小安（1996）指出，旅游线路是旅游产品的一种形式。产品学角度的旅游线路定义广泛地被旅行社经营管理人员所采用。

（四）其他角度

陈启跃（2003）认为，旅游线路就是旅游者在旅游过程中的运动轨迹。从旅游景区（点）规划与管理的角度出发，旅游线路是指旅游规划或管理部为方便旅游者游览而在旅游目的地的景区（点）内规划和设计的游览线路；从旅游产品的角度出发，旅游线路是由旅游经营者或旅游管理机构向旅游者或潜在的旅游者推销的旅游产品。

对旅游线路的定义，不同学者的看法之间虽略有差别，但共同点是显然的：旅游者、交通线、旅游点、旅游服务是构成旅游线路不可缺少的要素。研究旅游线路设计，这几个要素是必不可少的。

总而言之，旅游线路应该是指旅游部门[（旅游行政部门、旅行社、旅游景区（点）等）]针对旅游市场需求，遵循一定设计原则，利用交通线先把若干旅游资源合理贯穿并配有相关旅游服务的旅行游览线路。对于旅行社而言，旅游线路是其产品的核心表现形式。

二、旅游线路的特点

（一）复杂综合性

旅游线路的综合性表现在其是涵盖"食、宿、行、游、购、娱"旅游六大要素的综合性产品。旅游线路通常是由多种旅游吸引物、交通设施、住宿餐饮设施、娱乐场地、各项活动以及相关服务构成的复合型产品，能够同时满足旅游者的综合需求。它既是物质产品和服务产品的综合，又是旅游资源、基础设施和接待设施的结合。

旅游线路的综合性表现在旅游线路的设计涉及众多行业和部门，其中既有直接为旅游者服务的酒店业、餐饮业、娱乐业、交通运输业以及旅行社等，又有间接为旅游者服务的农副业、商业、制造业、建筑业等行业和海关、通信、邮电、公安、银行、保险、医疗卫生等部门。

（二）资源导向性

旅游线路往往以景区（点）等旅游资源为导向，围绕景区（点）这类核心旅游资源开展配套旅游服务的安排与设计，几乎所有的旅行社以及它们的旅游线路的组合都是围绕着"景点"这个中心进行的。旅游者普遍要求在景点这个"点"上游得慢，在外出旅游中这个"旅"上则要快。多年来，旅游市场上的热销旅游线路多是一些景点有着强烈吸引力的线路产品，如黄山、桂林、张家界、九寨沟、龙门石窟、布达拉宫等。

（三）消费导向性

旅游者外出旅游选择的线路或景区（点）往往以旅行社安排的旅游线路为导向。现有旅游市场上的旅游线路产品对旅游者的旅游消费具有导向作用。这主要是由旅游信息不对称引起的。旅行社可以通过自己熟悉的旅游信息价格杠杆，引导旅游者优先考虑某条线路或某个景区（点）的旅游。热门的旅游线路产品一方面可能是源于市场需求；另一方面也可能是旅游企业的市场引导手段，旅行社的引导会对旅游者的选择产生积极的影响。

（四）不可储存性

由于旅游线路的销售存在明显的淡、旺季，又由于旅游线路主要是通过服务来满足旅游者需要，只有当旅游者购买并消费时，旅游资源、设施与服务相结合的旅游线路才得以存在，即旅游路线具有不可储存性，这意味着机不可失、时不再来。于是市场会出现旺季时大家一拥而上，几乎所有旅行社都作出各种各样的削价反应，反应之大远远超过了正常季节折扣的范畴，这是削价竞争的导火索。

（五）可替代性

旅游需求是建立在人类基本生活需求之上的一种高层次需求，旅游消费会受到政治、经济、文化、环境等各方面复杂因素的影响而表现出较大的需求弹性和可替代性。日益增多的旅游线路数量和类型让旅游者有了更多的选择余地，不同的旅游线路之间的替代性很强，旅游者对线路的选择具有较大的随机性。

（六）经营专业性

随着旅行社市场竞争的深化发展，非价格因素有日益突出的趋势，体现在旅行社旅游线路产品的专业性越来越强。旅行社市场细分为更多的层次和结构，针对性增强。比如，有些旅行社专营省内某条一日游或二日游短线产品，有些旅行社则长期专营某一条长线旅游产品等。

旅游企业旅游线路产品的专业性还体现在产品的操作方式上。例如有些旅游企业长期从事包机业务，有些旅游企业则在火车专列旅游方面占有优势，也有一些旅游企业把目光集中在豪华汽车旅游项目上。当然，专业性还表现在旅游企业旅游产品的开发上，一些旅游企业开发了种类丰富的专项旅游产品，如老年人专项旅游线路产品、豪华邮轮旅游线路产品、婚庆旅游线路产品、中小学研学旅游线路产品等。

（七）易受影响性

旅游线路中"食、宿、行、游、购、娱"各部分的构成比例关系会因旅游者的规模、需求不同而有不同的组合方式。在旅游接待过程中，任何一部分的超前或滞后都会影响旅游活动的正常运转，进而影响到旅游线路整体效能的发挥。旅游线路常常受到季节和节假日等因素的制约，表现出明显的季节性特点。

旅游活动有可能受到战争、社会动乱、自然灾害、国际关系、政府政策、经济状况等诸多因素的影响，外部因素的变化会引起旅游者需求的变化，继而影响旅游线路的销售状况。如2020年突如其来的新冠肺炎疫情使全球旅游业遭受严重打击，中国的出境旅游线路全部停止销售，国内旅游线路销售也受到严格管控。

第二节　旅游线路设计的概念和内容

一、旅游线路设计的概念

旅游线路是指旅游经营企业向旅游者或潜在的旅游者推出的经营性旅游线路。因此，基于这样的出发点，旅游线路设计可以界定为旅游企业为旅游者旅游活动内容所进行的时间和空间安排，即将旅游过程中的旅游资源、旅游交通、旅游住宿、旅游餐饮、旅游购物、旅游娱乐、旅游服务等要素有机地联结起来并统筹安排，以求得旅游者在旅游过程中所需时间最省、费用较少、旅游体验最优。

除了旅行社以外，实际上，旅游线路设计的主体还有很多，如旅游地相关行政部门、旅游景区（点）、旅游者等。根据旅游线路内容及服务对象的不同，旅游线路设计主体包括以下几种。

（一）区域旅游规划的旅游线路设计

从旅游目的地角度出发，旅游线路作为一种旅游产品，其质量高低、内涵丰富与否、地域风貌体现如何都关系到当地的旅游形象。优秀的旅游线路是区域旅游资源的精华所在，因此它对区域旅游在未来一段时期内的发展非常重要。

区域旅游规划的旅游线路一般是指在旅游目的地、旅游景区（点）和旅游景区内部，将旅游目的地、旅游景区（点）之间或者旅游景区（点）内部相关的旅游内容串联起来组成的旅游线路。这种旅游线路的设计是旅游目的地和旅游景区（点）规划与开发的重要内容，需要科学合理地规划，同时需要当地政府、旅游相关部门以及当地群众的有效配合。

（二）景区（点）内部的游道设计

旅游景区（点）内部的游道设计是一种微观问题，如果不注意线路的科学组织与布局，就会造成旅游空间结构不完善而显得整体性效果不强。游道设计属于旅游景区（点）建设项目，在很大程度上和旅行社无关。这种线路的设计更多的是以旅游者方便游览为目的。这种旅游线路设计水平的高低，反映了旅游管理机构的管理水平。

（三）旅游经营企业的旅游线路设计

这是旅游经营企业特别是旅行社在特定利润空间的特定区域内，根据时间、交通、景区（点）及旅游六要素情况所做的经营性计划。旅游经营或管理机构将旅游资源、与旅游可达性密切相关的旅游基础设施、旅游专用设施、旅游成本因子等要素有机地组合起来，形成一些特定的旅游线路。

从旅行社的角度来看，旅游线路就是其推销的旅游产品。因此，这种旅游线路设计要求较高，线路内容要丰富，活动形式要多样，日程安排要紧凑，时间安排要准确，其设计水平直接影响到销售业绩。

（四）旅游者自己设计的旅游线路

自助游旅游者是旅游线路设计的主体。自助游、自驾车旅游成为越来越多的旅游者的选择。自助型旅游者根据自己的旅游动机、旅游偏好、旅游目的、旅游经验和旅游信息等为自己设计旅游线路。自助型旅游线路因为旅游个体差异，旅游内容差异很大，线路的详略程度差别也很大，有的甚至不需要书面的记录，仅储存在旅游者脑中即可。自助型旅游线路受旅游者身体、闲暇时间、天气等诸多因素的影响，变动性较强。

二、旅游线路的组合形式

旅游活动是一项综合性的活动，旅游线路的组合应该以旅游者获得最大的享受为目标。

（一）旅游线路的项目组合

旅游线路中应包含多种旅游活动，一条旅游线路如果活动太少，就不能激发旅游者的兴致，旅游者会感到兴味索然。比如一条生态旅游线路，在旅游中如果增加农家访问、生存锻炼、劳动体验、野炊烧烤、竞技比赛等活动项目，旅游者会在满足生态旅游需要的同时，增长知识，亲近自然，增进与他人的友谊，愉悦心情。

（二）旅游线路的时间组合

时间组合是旅游长短强弱节奏的组合。在时间安排上，旅游活动衔接要紧凑而不紧张，过程要舒缓而不拖拉，快节奏和慢节奏要交叉变换，刺激性活动和悠闲活动要穿插进行。以休闲为目的的旅游线路安排应该尽量避免或减少快节奏的刺激活动，适当放缓时间安排进度。

（三）旅游线路的空间组合

空间组合是景区（点）地域密度上的组合。景区（点）地域密度集中的适合观光度假旅游，景区（点）地域跨度大的适合主题较突出的旅游。例如，推出的红色旅游线路北京—保定—西柏坡线路，主要的旅游景区（点）有：北京市天安门广场、卢沟桥；保定易县狼牙山五壮士塔、白洋淀景区；石家庄平山县西柏坡纪念馆和中共中央旧址。各景区（点）距离远，交通占用时间长，但主题突出，深受旅游者欢迎。

（四）旅游线路的旅游者组合

旅游者组合是针对不同消费群体所进行的组合。消费者组团有散客团、家庭团、单位团，以及朋友、同事、同学团等。前三类旅游团的团员年龄、文化、爱好多不相同，适宜推出综合性强的旅游组合线路。后三类的旅游团一般旅游目的比较一致，适宜推出主题针对性强的旅游组合线路。

（五）旅游线路的功能组合

功能组合是针对一个特定的景区（点）而言的。有些景区（点）本身的主题比较突出，要想增强吸引力，除靠主题外，还应增加服务功能，在食、宿、行、游、购、娱等方面多下功夫，增添、变换、创新服务内容和形式，形成功能强大的旅游线路组合，让旅游者"来得顺畅、住得舒适、吃得香甜、游得欢乐、购得满意、走得顺利"，愿意多次游赏。

三、旅游线路设计的主要内容

从旅游者需求角度考虑，一条完整的旅游线路应该包含旅游目的地、旅游食宿、旅游活动安排、旅游交通、旅游价格、旅游时间和旅游服务等方面内容。

与需求角度相对，从旅游供给角度考虑，旅游线路是由旅游资源、旅游设施、旅游可进入性、旅游成本因子（时间、价格）、旅游服务等要素构成的，它们就是旅游线路设计所要研究的主要内容。

（一）旅游资源

2017年，文化和旅游部起草的《旅游资源分类、调查与评价》（GB/T 18972—2017）对"旅游资源"的定义为："自然界和人类社会凡能对旅游者产生吸引力，可以为旅游业开发利用，并可产生经济效益、社会效益和环境效益的各种事物和现象。"欧美一些国家常把旅游资源称为旅游吸引物（tourist attraction），即指旅游地吸引旅游者的所有因素，不仅包括旅游资源，还把接待设施和优良的服务，甚至快速舒适的旅游交通条件也涵盖在内。

旅游资源是进行旅游线路设计的核心和物质基础，是旅游者选择和购买旅游线路的决定性因素。旅游资源的吸引力决定了旅游线路的主体与特色。旅游线路的设计必须最大限度地体现出旅游资源的价值。它是一个地区旅游业存在和发展的基础，也是旅游者选择旅游地的决定因素。在旅游线路设计中它是起影响作用的基础因子，也是旅游线路上旅游内容的最主要构成，同时也是影响旅游线路竞争力的主导因素。

旅游资源的存在形式，既可以表现为具体实物形态，如自然风景、历史遗迹等，也可以表现为非物质形态的文化因素，如地区节事活动、民族风情等。旅游资源蕴藏于自然环境和人类社会之中，代表着各旅游地的不同特色。旅游资源的分类标准很多，如以资源特性作为分类标准，可以分为自然旅游资源和人文旅游资源。

（二）旅游设施

旅游设施是完成旅游活动所必备的各种设施、设备和相关的物质条件的总称，是旅游经营者向旅游者提供旅游服务所凭借的各种物质载体，是旅游者实现旅游目的的保证。旅游设施不是旅游者选择和购买旅游线路的决定性因素，但它能够影响旅游活动开展得顺利与否以及旅游服务质量的高低。因此，旅游设施的完善与否，直接影响到旅游者的旅游效果。在旅游线路设计中必须充分考虑旅游者的客观条件与旅游过程中设施的方便性，使旅游者获得最佳旅游效果。旅游设施一般包括专门设施和基础设施两大类。

专门设施是指旅游经营者专为旅游者提供服务的凭借物，通常包括餐饮设施、住宿设施、娱乐设施、游览设施等。餐饮设施指为旅游者提供餐饮服务的场所和设备，包括各种餐馆、咖啡屋、冷饮店等；住宿设施主要指不同类型的宾馆酒店；娱乐设施指为旅游者提供娱乐活动的场所和设备；游览设施指旅游景区（点）方便旅游者登临、游览、歇息以及保证旅游者安全的各种设施设备。

基础设施是指旅游目的地建设的基本设施。这些设施不单是为了旅游者而建设的，旅游地居民在日常生活中也可使用这些设施，主要包括道路、桥梁、供电、供热、供水、排污、消防、通信、照明、路标、停车场等，还包括旅游地在环境绿化、美化、卫生等方面的建设。旅游地良好的基础设施状况对旅游活动的顺利进行是十分重要的。一般而言，旅游专门设施作用的发挥，都要建立在基础设施的基础上。一个旅游地没有良好的基础设施，旅游业的发展也就无从谈起。

（三）旅游可进入性

旅游可进入性是指旅游者进入旅游目的地的难易程度和时效性。旅游活动异地消费的特点，决定了旅游产品的提供只能存在于旅游目的地，旅游者是否能够按时顺利到达旅游目的地是构成旅游线路设计的重要因素。因此，旅游可进入性是连接旅游者需求与各种具体旅游产品的纽带，是旅游线路实现其价值的前提条件。旅游可进入性的具体内容包括以下几个方面。

1. 交通状况

旅游者的异地空间转移，依靠的是交通工具。现代交通工具的不断发展，是现代旅游业发展的基本条件之一。可以说没有现代航空业的出现，就不会产生现代的国际旅游业。因此，良好的交通条件是旅游者进入旅游目的地的基本保证。交通条件不仅仅关系到旅游者能否抵达旅游地，更重要的是能否安全、舒适和快速地抵达旅游地。

2. 通信条件

通信条件是旅游者能否顺利进入旅游地的重要条件。没有便捷的通信条件，难以使旅游者、旅游经营者和旅游目的地之间及时准确地沟通，会给旅游者旅游活动的顺利实现带来很大的盲目性和不确定性。因此，旅游线路产品中通信设备的规模、能力及配套状况等，也会对旅游可进入性产生影响。

3. 手续的繁简程度

国际旅游中入境、出境手续的难易、繁简程度，以及办事效率的高低，不仅决定进入旅游地的难易程度，而且对旅游产品的成本、质量、吸引力等都有重要影响。

4. 旅游地的社会环境

旅游地的社会环境对旅游者进入的难易程度也有很大影响。比如旅游地的民族文化中是否具有排外性因素，以及社会公众对旅游开发的态度、社会治安状况、管理水平等，都可能成为影响旅游可进入性的重要因素。

（四）旅游成本因子

1. 旅游时间

旅游时间包括旅游线路总的旅游所需的时间以及整个旅游过程中的时间安排。因旅游客源地、旅游目的地、出游季节、旅游者闲暇时间等不同，旅游线路中的时间安排也不一样。从旅游经营者角度考虑，旅游时间就是旅游者对各种旅游产品的消费时间，旅游时间长短直接影响旅游消费，二者成"正比"关系。旅游者逗留的时间越长，旅游经营者获利也就越多。

2. 旅游价格

旅游价格是旅游者为满足其旅游活动需要所购买的旅游产品的价值的货币表现。它受到很多外在因素的影响，如旅游供求关系、市场竞争状况、汇率变动以及通货膨胀等因素，都会对旅游价格产生一定的影响。我国的旅游市场价格体系主要由旅游景区（点）门票价格、旅行社价格、旅游饭店价格、旅游交通价格、旅游商品价格等相关价格要素构成。

（五）旅游服务

旅游服务是旅游经营者向旅游者提供劳务的过程，旅游服务质量直接影响旅游线路的质量，没有上乘的旅游服务水平，就没有优质的旅游线路。因而旅游服务是旅游线路设计的核心内容，它在旅游线路设计中是不容忽视的。

四、影响旅游线路设计的主要因素

（一）旅游资源特点

旅游资源的品位、规模及其特色是影响旅游线路设计的重要因素，它直接决定了旅游线路规划设计的方向、内容和灵活度。一般来说，若旅游区拥有数量较多、品位较高、特色鲜明的旅游资源，就可以设计多条主题鲜明、内容丰富、灵活度较高的旅游线路。

（二）旅游景区（点）的空间格局及组合特点

旅游景区（点）的空间格局及组合特点直接影响到旅游线路的数量、形态、走向和结构体系。如果旅游区空间几何形态呈块集状，一般在旅游区内可以形成两条或两条以上的一级旅游线路；如果旅游区空间几何形态呈线状或带状，在这样的旅游区一般只有一条一级旅游线路。

旅游区内景区（点）若是围绕旅游中心城市集中分布，则有利于设计以旅游城市为中心的多条环形或辐射形旅游线路。若景区（点）远离中心城市或深处边远地带，则不利于形成旅游线路，但如果这类边远的景区（点）旅游质量很高，对旅游者的吸引力很强，或是若干个景区（点）成群分布，则有可能以当地城镇为依托，形成次一级的新兴旅游区和旅游线路。

旅游区内部如果存在阻碍游人穿行的自然地形障碍（如高海拔、雪山冰川、大漠、江湖、沼泽等），必然影响旅游线路的走向，旅游线路必须绕过这些自然障碍。

（三）客源市场特征

旅游者的旅游行为偏好及旅游行为综合特征是旅游线路设计的重要依据。首先，各类旅游者具有不同的旅游偏好和行为特征。如港澳台同胞与华侨来内地旅游侧重于佛教文化、科学考察与研修以及多民族风情旅游。其次，不同的职业、年龄和文化素养的旅游者，其旅游动机也各不相同，这在线路设计时应充分考虑。最后，旅游线路的设计还受旅游者行为规律的影响，当旅游成本已确定时，整个旅程带给旅游者的体验水平只有等于或大于某一确定水平时，旅游者才会出行。

（四）旅行通道与交通设施的往返联结及组合

旅游交通是旅游线路组织的生命线。不论是国内旅游还是国际旅游，都必须精心地安排全程的交通方式、工具和相互衔接。

旅行通道的畅达性和旅游交通方式联合运营程度也是旅游线路设计的一个重要依托。旅游客源地与旅游目的地之间、旅游目的地各景区（点）之间、旅游景区（点）与旅游依托城市（旅游服务中心）之间的旅行通道要满足旅游者"进得来、出得去、散得开"的需求，尤其是在旅游旺季时，旅游线路设计一定要考虑这个因素，因为它直接影响了旅游者的旅行质量和重游率。多种旅游交通方式的良好结合也有助于提高旅游者的旅行满意度。总之，要尽量做到"便利、高效、快速、安全、舒适、经济"。对国外旅游者，旅游线路的起讫地点应尽量安排在不同的进出口岸，以便利旅游者出入境，避免重复往返。

为安排好旅游交通，必须对国内的交通现状，包括类型、分布、形式、网络做到心中有数，以制订具体的线路计划，使路线合理、形式多样、衔接方便，尽量缩短交通。

当然，旅游交通的组织不仅是一个"旅"的问题，还应包含"游"方面的设计。要根据路线的主题思想需要、旅游城市和景区（点）的实际条件，尽可能在其中安排一两段丰富多彩的旅游交通节目，如乘船、骑骆驼、坐马车、乘电缆车等，将它们细致地组织到旅游活动项目中去。合理的旅游交通组织起着调节旅游者情绪的重要作用。如"富春江—千岛湖—黄山"旅游线路设计中交叉组织车、船交通，并在景区（点）中安插了乘牛车、渡竹筏、坐电缆车等活动项目，这样既丰富了旅游内容，又可增添旅游者游兴。

第三节　旅游线路设计的意义

旅游线路的设计具有十分丰富的内涵，旅游线路设计可以从各个方面对于旅游者旅游的线路进行规划引导，从而更大限度地提升旅游者的旅游体验，促进区域旅游产业的发展。旅游线路设计从国家层面而言，不仅具有重要的产业经济意义，还具有重要的发展战略意义。同时，对旅游线路设计的微观主体——旅游企业而言，旅游线路设计还关系到旅游企业的市场占有率和经营效益。

一、旅游线路设计促进区域旅游开发

旅游业作为朝阳产业，其巨大的发展潜力越来越受到各个地区的重视，很多地方把旅游业作为区域经济发展的重点或支柱产业。区域旅游发展取决于旅游资源、区位条件、区域经济背景等因素。不同的旅游资源条件、区位条件、经济条件的不同组合，形成了不同的旅游发展类型。区域旅游开发成功与否，与这个地区旅游资源条件的好坏、经济竞争能力的高低、基础设施水平和可达性的高低、市场推销是否强劲有力及政府的旅游政策是否积极主动有关。

不管是哪一种区域旅游开发类型，要成功地发展旅游业，都离不开旅游线路设计。从旅行社的角度来看，旅游产品的销售最终必须落实到具体的旅游线路，因此，旅游线路的销售成功与否最终决定了一个地区旅游开发的成败。毫无疑问，旅游线路销售的成败同旅游线路设计水平的高低密切相关。旅游线路设计对区域旅游开发有着重要的影响，这种影响主要体现在旅游线路设计是区域旅游发展推出旅游产品的重要途径之一，高水平的旅游线路设计是增强区域旅游吸引力的重要措施之一。

二、旅游线路设计提高旅游企业效益

旅游企业是以旅游者为对象，为其旅游活动创造便利条件并提供其所需产品和服务的经营性实体。旅游企业是旅游产品的主要经营者，旅游线路包含诸多的旅游企业，其设计水平直接影响到旅游企业的运营与收益。

旅游饭店、旅行社和旅游交通是构成旅游业的三大支柱，它们在旅游业中发挥着不同的作用。仅从旅游企业的构成来看，旅游饭店、旅行社、旅游交通是相对独立的。但是，旅游是一种综合性的社会经济现象，如何把相对独立的旅游企业有机地结合起来，为旅游者提供安全、全面、周到的服务，是旅游企业需要面对的一个重要问题。

到目前为止，有相当多的人认为在旅游业的三大支柱中，旅游饭店是旅游供给的基本构成因素，是旅游业经营活动中必不可少的物质条件；旅行社将旅游者在食、宿、行、游、购、娱等方面所需要的服务综合起来，组合成旅游产品，一次性地销售给旅游者，为旅游者提供方便；旅游交通是旅游业产生和发展的前提条件，也是旅游者完成旅游活动的必要条件。

旅游企业为旅游者完成出游活动提供全方位服务，主要体现在旅游线路的设计与推销、旅游线路产品的实现方面。旅游企业合理地安排旅游线路和日程，选择适当的食、宿、行、游、购、娱等活动内容，向旅游者提供各种咨询和服务，帮助旅游者作出理想的选择，大大降低旅游者的实际消费。旅游线路设计水平的高低与旅游线路销售的好坏，直接影响到旅游企业的经济效益和社会效益。

三、旅游线路设计引导旅游客流

旅游者是旅游活动的主体，在旅游活动中占有重要地位。旅游产品设计水平会影响旅游者选择旅游企业及出游线路的决策。旅游者由于种种原因，所要求的旅游对象不同，闲暇时间长短不同，经济状况不同，一次需要旅游的城市和风景点的数目多少不同。科学合理的旅游线路能使旅游者以最适合自己的交通方式、最快的速度到达旅游目的地。已设计编制好的各种旅游线路，可以大大缩短旅游者出游决策的时间。

旅游线路设计还可以引导旅游人流，平衡控制各个旅游点的客流。历史悠远并极具特色的古迹、游览区，或在地理位置、科技文化、商业贸易方面具有很强的吸引力的旅游热点，往往享有很高的知名度。旅游者蜂拥而至，人满为患，大大超过了其旅游容量，会造成严重的旅游污染，使旅游地经济、环境、社会效益都受到影响。而旅游温、冷点，由于旅游资源的特色不明显，或旅游资源尚未得到充分的开发，或交通不便，旅游接待的基础设施较差，因而接待的旅游者相对很少，基本上处于饥饿状态。

一边是过饱，一边是饥饿，就需要加以调节，以求得基本平衡。旅游线路将热点、温点、冷点相互搭配，有机结合，就能有意识地对旅游客流进行引导，控制热点的人数，增加温、冷点的客源，有利于提高整体旅游效益。

第四节　旅游线路设计未来发展趋势

一、重视旅游线路品牌的建设

随着旅游市场需求的日益差异化和个性化，旅行社旅游线路产品也越来越丰富多彩。旅行社需要通过对不同种类的旅游线路以分别品牌化的方式来向消费者传达不同旅游线路产品的特征，由此强调旅游线路产品具有满足目标消费者特定需要的独特价值。如果旅行社在品牌经营管理中只宣传其企业品牌，没有宣传旗下不同的旅游线路产品品牌，那么将很难体现出其所经营旅游线路的各自特色，不利于旅行社进行差异化经营和模块化运营。

旅游线路是服务性质的产品，服务性产品的无形性使其品牌化变得比较困难。同时，旅行社经营活动中对大量公用物品的依赖性进一步加大了其产品品牌化的难度。所以，旅游线路品牌化的建设不是一朝一夕能够完成的，需要长久的努力。这就要求旅行社树立品牌意识，尽快建立起品牌线路并加以保护。一旦旅游线路的品牌建立起来，将会大大降低旅游者搜寻旅游产品的成本，也有利于旅行社保持和吸引旅游目标市场。

二、注重产品种类与深度开发

旅行社在对目标市场需求和消费潮流趋势进行预测与把握的基础上，应不断地开发出体现品牌定位的多种旅游线路和各种旅游活动，以丰富旅游者的选择。在旅游服务方面，旅行社除了保证核心服务的质量外，更应注重便利服务和辅助服务的设计与创新，以提高品牌的附加价值并形成特色，并与其他竞争对手的产品相区别。

旅行社产品具有很强的可模仿性，因此旅行社为了保持品牌的独特形象，其根本在于不断地创新产品和优化服务。例如，新冠肺炎疫情防控期间，消费者的消费偏好发生了改变，消费者更加关注健康风险，更加注重旅游品质。

小规模、自组织、家庭型、开放性的旅游线路，微旅行、慢休闲、深度假等旅游项目，以及户外休闲、个性化定制、小团深度游等旅游产品将更受欢迎。旅游业应顺应市场需求，积极推进供给侧结构性改革，不断丰富旅游供给，努力提高供给质量，逐步实现提质扩容。

旅游线路的开发关系到旅行社未来的发展，在开发时一定要慎重，要从长远考虑，在实际经营过程中不断创新线路、丰富线路种类，对已有线路根据市场需求进行改良、更新。总之，线路一旦开发出来，就要有长久经营下去的打算。

三、关注旅游线路中人文精神的体现

随着我国旅行社行业对外开放步伐的加快，境外旅游线路设计和咨询公司将会越来越多地介入我国旅游线路设计领域中，中外同行的竞争态势将更加明显，国外的先进理念对我们也是一种冲击。根据国外旅游线路设计研究的历程推测，未来我国旅游线路设计理念将会更加重视人文精神，更加重视人的参与、体验性，生态旅游、可替代性旅游将是未来发展的重点。因此，旅游线路的设计也要考虑到这一点，顺应潮流，体现出可持续发展的理念。

四、开展旅游线路的知识产权的保护

旅游业是文化、创意、知识产权密集的行业，但长期以来，无论是从业者还是消费者，对旅游领域涉及的知识产权都认知不足。在旅游业各类业态中，旅行社领域侵权较多。旅游线路是旅游企业招徕旅游者的重要抓手，也是保持市场竞争力的关键。为此，许多旅游企业投入大量人、财、物，翻阅典籍、实地踩线、调研市场，设计出一些具有独特价值的旅游线路。然而，一些抄袭、模仿问题也随之而来，甚至出现低价竞争，导致"劣币驱逐良币"。

知识产权涉及专利、商标、著作权、商业秘密等类型，但旅游线路产品整体内容无法通过某一类型的知识产权给予全面保护，需要根据不同情况采取不同保护策略。如线路产品的主题或标志可以申请商标，图片、文字、音频、视频等可以申请版权登记，未对外公布的供应商信息、产品采购价格、营销策略等可以通过商业秘密来保护。

目前我国缺乏对旅游线路产品的知识产权保护制度，未来在旅游法、旅行社条例等旅游法律法规修订时应当增加相应规定。

为了鼓励新线路的开发，同时也能保护旅行社的利益，业界提出旅游线路专营。作为一种新型的经营方式，它可以降低旅游线路的价格，减少线路开发中的外部经济问题，同时保证开发者对这条线路的专营权，保障开发者的利益。但专家们同时也担心，在旅游旺季时，旅游线路专营性契约的有效性会降低，从而使开发者的实际利益难以保障。但对于旅游线路产权的归属问题应是一个值得重视和深入研究的问题。

思考练习题

案例讨论

烟台非物质文化遗产旅游线路设计

1. 如何理解旅游线路的概念？
2. 旅游线路的特点有哪些？
3. 旅游线路设计的主体包括哪些？
4. 旅游线路设计的主要内容有哪些？
5. 旅游线路设计的主要影响因素有哪些？
6. 旅游线路设计的意义是什么？
7. 旅游线路设计的发展趋势是什么？

第二章

旅游线路类型

【学习目标】

旅游线路设计的模式是不断发展变化的。旅游线路的类型划分也比较复杂，按照不同的分类标准，有不同的类型划分。如果在旅游线路设计的过程中，对线路分类没有清楚的认识，容易导致缺乏创新和开发深度。通过本章的学习：

1. 了解国内外旅游线路设计模式；
2. 掌握旅游线路空间模式的种类；
3. 了解旅游线路类型的划分标准；
4. 掌握包价旅游线路、自助式旅游线路和定制旅游线路的概念与特点；
5. 能够根据旅游者需求，推荐专题（主题）型旅游线路；
6. 熟悉徒步旅游线路、骑行旅游线路、自驾游旅游线路、火车旅游线路和邮轮旅游线路的设计要点。

业界新闻

暑期游供需两旺　促消费新品迭出

暑假来临，亲子游、研学游、毕业游等将迎来出游高峰。随着疫情防控形势持续向好，景区、旅行社、酒店等各企业经营逐步恢复。经过了清明、"五一"、端午三个假期，旅游企业总结经验，针对暑期旅游市场创新产品和服务，争取客流进一步回升。

宁夏三十二天国际旅行社负责人李岩松表示："今年学生自由支配的时间相对较多，我们结合宁夏'星星故乡'旅游品牌，从年初开始研发星空主题研学旅游产品，在贺兰山森林公园、沙坡头星空酒店、盐池哈巴湖景区几次尝试都很成功。我们与景区联合推出贺兰山上、沙漠深处、黄河岸边、长城内外等星空主题研学游活动，很受学生欢迎，目前报名的积极性很高。"

景域驴妈妈集团副总裁任国才表示，暑期是传统的旅游旺季，也是今年旅游复苏的重要窗口期。在做好疫情防控的前提下，建议旅游目的地和旅游企业在产品设计上，重点研发山水观光、户外运动、康体养生、乡村休闲、自驾游等"低风险、抗疫性"旅游产品；在宣传营销上，突出"健康、安全、轻松、好玩"等，通过短视频、旅游直播等方式，吸引年轻客群的关注和自发传播。

资料来源：高慧，唐仲蔚，王涛，等. 暑期游供需两旺 促消费新品迭出[N]. 中国旅游报，2020-07-09.

第一节　旅游线路的空间模式

一、国内外旅游线路设计模式

（一）坎贝尔（Campbell）模式

当从一个中心城市出发的旅游者的目的地不止一个时，旅游者形成的路线轨迹多为一闭合回路。坎贝尔根据目的地类型的不同，勾勒了闭合回路中的游憩与度假旅行的模式。他提出的目的地类型分为大城市周边地区的放射状扩散的游憩设施、区域性非线型度假群组以及沿公路分布的零星度假服务基地三种，进而提出出游旅行的路径模式，包括度假路径、游憩性度假路径以及游憩路径三种具有一定等级差异的空间结构。

（二）斯图尔特和沃格特（Stewart-Vogt）多目的地旅行模式

斯图尔特和沃格特（1997）在卢、克朗普顿和费森梅尔（Leu，Crompton and Fesenmaier，1993）提出的多目的地旅行模式的概念模型基础上，以到访美国密苏里州的布兰森旅游区的旅游者的问卷式日记数据为基础，构造了五种类型的旅行线路模式，即区域游模式、旅行链模式、单目的地模式、中途模式、营区基地模式。

（三）伦德格林（Lundgren）旅行模式

随着旅游业规模的扩大和交通设备及技术的进步，客源地和目的地之间的交通线路以及旅行模式不断演进，伦德格林将演进过程中的旅行模式分为普通列车旅行模式、特快列车旅行模式、早期汽车旅行模式、现代汽车旅行模式和航空旅行模式五种模式。

（四）楚义芳模式

我国学者楚义芳在讨论大尺度的旅游线路设计时，根据旅游者行为和意愿特性，将旅游线路大致分为周游型和逗留型两类。任何线路的行为都有两个基本特性：成本最小化和满意度最大化。在具体线路设计时，根据目标的差异性，二者之间会出现四种不同的组合方式和可能条件下的最佳效益组合。

随着社会的发展，出游旅行线路设计的模式是不断发展变化的。我国旅游业目前还处于初期阶段，旅游者的收入水平和闲暇时间也相对有限，因此，目前，我国旅游者的出游旅行模式以观光型周游模式为主，随着旅游者收入水平的提高和闲暇时间的增加，旅行模式将逐渐向度假型逗留模式转化。

　　尽管国内外学者已经提出不同类型旅游线路组织模式，但这些模式在我国的应用均存在一定局限性。坎贝尔模式基于国外发达的道路交通网络，认为旅游者旅游线路均为闭合环线，不符合我国目前旅游交通情况，尤其不符合我国欠发达、基础设施落后的西部地区的旅游线路组织；斯图尔特和沃格特多目的地旅行模式接近于旅游线路实际组织状况，但它有较强的地域性限制，缺少宏观尺度线路实际组织的验证；伦德格林旅行模式按照交通工具类型进行区分，缺乏对旅游吸引物位置和交通线路之间空间关系的考虑，实际应用效果较差；楚义芳模式基于旅游者满意度最大化和成本最小化目标，阐明了旅游线路的组织原则，但没有提出直观、可操作的线路组织方式，指导实际应用的效果不理想。

　　旅游本身是一个让人身心愉悦的过程，但是，我们经常听到类似"累死了""我还没来得及拍照呢""这哪是旅游，简直就是拉练"等抱怨。这些状况的形成，与旅游线路设计不合理有很大关系，也与有些旅游者为了省钱"一次都跑到"有关系。

　　科学合理的旅游线路设计便于旅游者有目的地选择安排自己的旅游活动，可有效调节旅游热点地区与冷僻地区的客源，有利于保护环境，有利于旅游产品申请专利，有利于旅游企业获取更大效益。鉴于此，我国旅游线路设计的研究还有待进一步的深化和提高，为不断推出更多更好的旅游产品提供强有力的技术支撑。

二、旅游线路的空间模式

　　旅游线路的空间模式是指旅游者从居住地出发到达一个或多个旅游目的地游憩，并最后返回居住地所选择和经历的旅游线路在空间上呈现出来的模式，是旅游者在目的地区域对停留空间和消费空间的理性选择与线性组合。

　　综合国内外学者的相关研究，可以将旅游线路空间模式分为单目的地模式、途经模式、中心集散模式、完全环游模式、区域环游模式五种类型。

（一）单目的地模式

　　单目的地模式的整条线路中只有一个旅游目的地，旅游者从惯常住地出发，直接到达旅游目的地，停留一段时间后按原路返回，往返使用同一条路径（图 2-1），例如，北京—上海—北京。

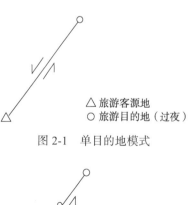

△ 旅游客源地
○ 旅游目的地（过夜）

图 2-1　单目的地模式

（二）途经模式

　　旅游者从惯常住地出发，到达首个旅游目的地，并依次游玩区域内多个旅游目的地，最后原路返回惯常住地。在往返模式中，旅游者进入和返回路径重合，使用同一条游憩路径（图 2-2），例如，北京—上海—

△ 旅游客源地
○ 旅游目的地（过夜）

图 2-2　途经模式

杭州—上海—北京。

（三）中心集散模式

旅游者从惯常住地出发，到达第一个目的地，以该目的地作为大本营，访问其他旅游目的地。游玩一个目的地结束后，返回大本营，再游玩另一目的地，游玩结束后返回大本营，再由大本营返回惯常住地，往返路径相同，目的地节点至少连接两条游憩路径（图2-3），例如，北京—上海—嘉兴—上海—杭州—上海—北京。

（四）完全环游模式

旅游者从惯常住地出发，游览多个旅游目的地，起点（首个到达的目的地）和终点目的地（最后离开的目的地）不同，往返路径不重合，游憩路径不重复使用，线路呈"环形"（图2-4），例如，北京—上海—苏州—杭州—南京—北京。

（五）区域环游模式

旅游者离开惯常住地到达第一个目的地后（起点），游玩多个旅游目的地（至少两个），最后返回到起点目的地，并沿原路返回惯常住地，往返路径重合，但不重复使用同一条游憩路径（图2-5），例如，北京—上海—嘉兴—杭州—苏州—上海—北京。

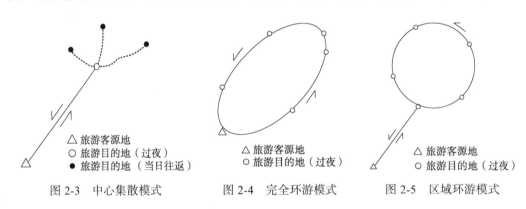

图2-3　中心集散模式　　　图2-4　完全环游模式　　　图2-5　区域环游模式

第二节　旅游线路类型划分

旅游线路的类型划分比较复杂，按照不同的分类标准，有不同的类型划分。根据旅游线路的组织形式、活动距离、目的内容、空间轨迹和交通方式等，可以将旅游线路划分以下类型。

一、按旅游线路的组织形式划分

旅游者在外出旅游时会有各种组织形式，按旅游者出游的组织形式，旅游线路可分为包价旅游线路、自助式旅游线路和定制旅游线路等几种。

（一）包价旅游线路

1. 包价旅游线路的概念

包价旅游（package tour）是指旅游者在旅游活动开始前即将全部或部分旅游费用预付给旅行社，旅行社根据同旅游者签订的合同内容，相应地为旅游者安排旅游途中的食、住、行、游、购、娱等各项活动。由此可知，包价旅游线路是指那些从旅游者出发开始，直至旅游者重新回到出发点的整个过程都由旅行社来设计完成，根据市场需求及旅游目的地的类型等要素组合成的旅游线路，其内容、日程和价格均安排计划好，并通过一定渠道销售给旅游者。

2. 包价旅游线路细分

根据市场需求的不同，包价旅游线路又可分为团体全包价旅游线路、半包价旅游线路、小包价旅游线路和零包价旅游线路。

1）团体全包价旅游线路

团体全包价旅游是由 10 名及以上旅游者组成，采取一次性预付旅费的方式，有组织地按预定行程计划进行的旅游形式。团体全包价旅游的服务项目通常包括饭店客房、一日三餐、市内游览用车、导游服务、交通集散地接送服务、行李服务、游览点门票、文娱活动入场券等。

2）半包价旅游线路

半包价旅行是在全包价旅游的基础上扣除行程中每日的午、晚餐费用的一种旅游包价形式。旅行社设计半包价旅游的主要目的是降低产品的直观价格、提高产品的竞争力，同时它也便于旅游者自由地品尝地方风味。团体旅游和散客旅游均可采用此种包价形式。

3）小包价旅游线路

小包价旅游又可称为选择性旅游，它由非选择部分和可选择部分构成。非选择部分包括住房及早餐、机场（车站、码头）至饭店的接送和城市间的交通费用，其费用由旅游者在旅游前预付；可选择部分包括导游服务、风味餐、参观游览、欣赏文艺节目等，其费用可由旅游者在旅游前预付，也可由他们现付。

4）零包价旅游线路

零包价旅游是一种独特的旅游包价形式。参加这种旅游包价形式的旅游者必须随团前往和离开旅游目的地，但在旅游目的地的活动则是完全自由的，如同散客。参加这种旅游形式的旅游者可以获得团体机票价格的优惠，并可由旅行社统一办理旅游签证。

除了上述包价旅游线路外，旅行社也会销售单项旅游服务，即旅行社根据旅游者的具体要求而提供的按单项计价的服务。其常规性的服务项目主要包括导游服务、接送服务、订房服务、订票服务、代办签证、代办保险等服务。

3. 包价旅游线路的特点

1）以团队旅游者为主，旅游行程固定

包价旅游线路的主要销售对象是团队旅游者。为了保证一定的团队规模和利润，即使散客购买这种线路，也是由旅游企业进行组团后出游，也就是俗称的散客拼团。包价旅游线路的活动目前还是以观光游览为主，而且一条包价线路确定后，旅游行程相对固定，如果没有特殊情况，旅游企业一般不会对这条线路进行修改。所以，此类旅游线路的时间性比较强，旅游出发、返回时间和在景区（点）的活动时间都是事先安排好的，没有特殊情况不会出现变更，旅游者在旅游活动中的自主权相对较少。

2）旅游经费包干，旅游省心省钱

旅游者选择包价旅游线路进行旅游的最主要原因是方便和省心。购买包价旅游线路的旅游者把所需款项付清后，整个旅游也就交给旅游企业安排了，无须自己操心。通常各个旅游企业或部门之间有协作关系，对由旅游企业组织的团队旅游者来说，在旅游过程中的各种消费在价格上会有优惠，所以，在同样档次的旅游项目中，即使加上旅游企业的管理费等成本费用和利润，包价型旅游团队的费用一般也要比旅游者自主旅游低一些。

3）涵盖诸多要素，线路设计复杂

扩展阅读

跟团游真的没市场了？

包价旅游线路是旅游企业销售产品的主要形式，它包含旅游资源、旅游设施、旅游时间、旅游服务、旅游价格等要素，且各种要素之间还要合理衔接与协调，加上这种线路一般是面向不特定旅游者的，要能满足大多数旅游者的需要也不是件容易的事。旅行社设计包价旅游线路时，还要预测其周期性和可操作性，做到周期长、易于操作，从而提高效率、降低成本。

（二）自助式旅游线路

1. 自助式旅游线路的概念

自助式旅游线路是指旅游者自行组织旅游活动的一种旅游线路，其线路的设计、旅游活动的实施没有旅游中介组织（如旅行社）的介入。随着旅游的蓬勃发展、信息渠道的通畅，越来越多的旅游者，不满足于对已有旅游线路的被动选择，他们更乐于 DIY（自己动手做）式的自助旅游，以获得最大的旅游满足。旅游中所涉及的吃、住、行、游、购、娱，所有事情全由旅游者自己搞定，操作起来比较烦琐，但却摆脱了从前旅行社预先安排好的行程模式，更加随心所欲、自由自在，充满了多元化的个性元素。

在一些发达国家，已经没有我国传统意义上的组团游，人们习惯于直接到旅行网站查询，预订"机票+酒店"式便捷、极富个性化的自助"套餐"（自助旅游）来安排自己的游程。旅游网站为旅游者提供了极其便捷、极富个性化的自助旅行系列产品。例如，位列美国三大旅行网站之首的 Expedia，可供旅游者挑选的世界各国旅游目的地就多达480 个。在我国，一些知名旅游网站如穷游网、马蜂窝等都是为自助旅游者提供服务的非常好的平台。

2. 自助式旅游线路的特点

1）自主性强，灵活多变

自助式旅游线路的旅游内容与行程大多由旅游者自行主导，旅游自主内容性很强，每个人都有充分的时间来享受旅游中的乐趣，即使是行程安排恰当的半自助式旅游，也可享受自由自在的活动与旅游内容。自助式旅游线路不受限于成本考虑，因此旅游形式多变，旅游者可以根据自身喜好随时调整旅游内容和安排，行程相对随心所欲。

2）自助控制花费，计划性强

自助旅游者可以把旅游费用完全自我操控，花的每一分钱都在自己的掌握中。自助式旅游是一种能够把钱花在自己最想花的地方的一种旅游方式。自助旅游线路的计划性并不逊色于包价旅游线路，甚至其计划工作量要远大于包价旅游。

旅游者从有自助旅游的打算起，就需要开始做旅游计划，衡量自己的时间与财力，寻找想去的地方，查询订票、订房，安排每天的行程，收集旅游目的地相关资料等。出发以后，每天还得张罗生活事宜以及安排参观活动。如果自助旅游经验丰富，应变能力强，只要时间允许，自助旅游者能做到根据自己的喜好随时出发。

（三）定制旅游线路

1. 定制旅游线路的概念

定制游是国外非常流行的一种旅游方式，是根据旅游者的需求，以旅游者为主导进行旅游行程的设计。通俗地说就是根据自己的喜好和需求定制行程的旅行方式。这种模式在业界的特点就是弱化了或者去除了中间商，能够给旅游者带来最个性化的服务。目前已经引入中国，处于发展阶段。

定制旅游是在精准的目标人群细分、兴趣细分、需求细分的基础上，整合能满足旅游者个性化需求的旅行供应商与跨行业资源的合作伙伴，遵循以客户体验价值为导向的产品设计原则，不仅关注产品的成本和销售价格，更关注旅游者的时间成本和体验成本，旅游者也将参与产品的设计与选择，按需定制，在前期组团中，更多的是提供顾问式服务，行程中的服务宗旨是灵活、周到、流畅、专业。

定制旅游可以做到完全为旅游者量身定制，一人成团，专车专导。旅游者可以任意安排出行时间，入住自己喜爱的酒店，乘坐自己喜好的车辆，想去哪就去哪，想吃啥就吃啥，想玩啥就玩啥，只要旅游者有想法，定制游都将竭尽全力满足其要求，真正做到随心所欲。

2. 定制旅游线路的缘起

定制旅游最早开始于自助游。一方面，由于生活水平、受教育程度、交通条件和其他内外因的影响，旅游者对旅游内容的要求越来越高，行程的安排也日益个性化。而传统的旅游企业所提供的产品和服务已经很难涵括所有旅游者的需求，因此，旅游者需求和旅游企业提供的产品之间形成了巨大的空隙，这给定制旅游的出现提供了机会。旅游者在旅游网站搜索旅游目的地的信息，选择自己喜欢的旅游目的地。旅游网站的新闻资讯、出游常识、旅游景区（点）介绍及交通住宿方面的信息，都为旅游者提供了他们最想要了解的内容。另一方面，由于旅游企业服务质量的下降，旅行社在降低价格的同时也在减少旅游成本、降低服务质量，使旅行社行业陷入一种价格战的恶性循环，从而使旅游者丧失依托旅行社的兴趣与信任。

基于市场的原因，定制旅游的概念在业内已经逐步兴起，不少机构开始涉足其中。在中国，2016年被业界定义为"定制旅游元年"，《2016中国旅游上市企业发展报告》数据显示，定制旅游产品进入大众视野，中国旅游开始迈入私人定制时代。

截至报告公布前，中国定制旅游目的地覆盖100多个国家、近1000个城市，同比增长超过400%。各种定制旅游产品层出不穷，不少定制旅游公司开始创业，受到资本和消费者的关注。同时，OTA（在线旅行社）也开始加速布局这片新蓝海。携程、同程、驴妈妈、途牛网等在线旅游平台也纷纷推出定制游服务。

3. 定制旅游线路的特点

随着社会经济的发展和旅游服务条件的完善，旅游者的个性化需求为定制旅游线路的兴起带来了广阔的发展空间。与传统旅游线路相比，定制旅游线路具有以下特点。

1）定位精准，服务全面

定制是以满足顾客的个性化需求为存在条件的。作为顾客的价值判断，会更多地考虑商品能否满足其与众不同的心理需要。定制旅游线路的突出特征是将每位旅游者都作为独一无二的微观目标市场，通过最大限度地满足旅游者个性化的需要，凸显其个性需要的关怀。

在定制旅游线路过程中，旅游企业多着眼于顾客终身价值服务，从旅游线路设计前的考察与预案到服务中的周到细致，再到服务后的满意度追踪，最大限度地提供满足客户要求的旅游服务，形成与旅游者长期而稳定的服务关系。

扩展阅读

定制游——消费升级催生的新蓝海

2）个性彰显，参与度强

定制旅游线路为旅游者提供了"我喜欢的"和"单独为我定制的"产品与服务，使旅游者享受到了更高质量的旅游产品和服务，使旅游者的个性化需求得到最大限度的满足与彰显。定制旅游线路的设计与交付往往是同时进行的。定制的过程就是收集旅游者偏好信息、邀请旅游者参与产品和服务设计的过程，旅游者在旅游线路设计时参与度较强。

二、按旅游线路的活动距离划分

按旅游活动的空间尺度和距离来划分旅游线路，是以旅游者在旅游过程中所涉及的空间范围为依据，将旅游线路划分为远程旅游线路、中程旅游线路和近程旅游线路等几种类型。

（一）远程旅游线路

远程旅游线路是空间尺度上一种大范围的旅游线路。远程旅游线路实际上包含了几层含义，一是一次旅游所走过的路程比较远，涉及的空间范围大，总里程超过1000公里；二是一次旅游时间在5天以上，当然，如果旅游中使用的交通工具主要是航空的话则相应天数可少一些；三是越过世界大洲洲际线或国境线，若是在国内旅游的话跨过若干个省区市。

1. 远程旅游线路的细分

1）洲际远程旅游线路

洲际远程旅游线路是指在一次旅游过程中跨越大洲的旅游线路，如从美洲到亚洲旅游，从亚洲到欧洲旅游等。一般洲际远程旅游线路旅游所需的时间比较长，旅游路程也比较远。旅游者选择洲际旅游远程线路时有较多的限制，即旅游者客源地国家对本国居民出国旅游的态度、旅游者的经济收入情况及获得外汇的难易程度、旅游者的闲暇时间多少、旅游目的地国家对外国旅游者的态度、旅游接待能力以及开放程度等。

2）国际远程旅游线路

国际远程旅游线路是指在一次旅游过程中虽然没有跨越世界大洲的界线，但是至少跨过了两个国家的边界且旅游路程和时间都较长。比如中国到新加坡、马来西亚、泰国及土耳其等国家的旅游。与洲际远程旅游线路一样，在两个国家的边境附近或在一些国土面积较小的国家进行旅游，因为旅游路程较近或者旅游所需时间较少，一般也不包括在远程旅游线路之中。旅游者选择国际远程旅游时的限制和洲际远程旅游的限制是一样的。

3）国内远程旅游线路

国内远程旅游线路一般是指在国土面积较大的国家的国内旅游，在一次旅游过程中包含了若干个一级行政区（如我国的省级行政区）、旅游路程较长、所需时间较多的旅游线路。

国内远程旅游线路要有自己的特点，旅游者在选择国内远程旅游线路时的限制要比洲际、国际旅游线路的限制小得多。国内远程旅游没有出国签证的问题，也没有语言、外汇、观念、文化等一系列问题。

2. 远程旅游线路的特点

1）旅游线路长，范围大

远程旅游线路一般一次旅游的里程长达数千千米，有些跨世界大洲的线路可能达上万千米。所以远程旅游线路的交通工具一般是速度较快也较舒适的飞机或火车，只有当时间比较宽裕或有特殊需要时才采用其他交通方式。远程旅游线路常常是跨越世界大洲或跨国的旅游，所以旅游的范围常常涉及几个洲或几个国家，即使在国内旅游，也是要涉及若干个一级行政区，旅游到达的范围大。

2）旅游时间长，费用高

由于远程旅游线路长，所以一次旅游所需的时间较长，少则几天，多则十几天甚至几十天。如果旅游者没有相应的闲暇时间，一般是不会选择远程旅游线路的。正是因为远程旅游线路长、涉及范围大、所需时间多，对旅游者来说，一次旅游的经费开支也大。

例如我国国内远程旅游一次费用要达数千元人民币，如果是出国旅游，特别是到欧美等地的一些国家旅游,旅游费用要在万元人民币以上。自费进行远程旅游的旅游者需要有一定的经济实力。

3)旅游线路设计难度大

进行远程旅游线路设计时不仅要考虑到行、住、食、游、购、娱等各种旅游要素的安排和衔接,还要考虑到旅游者客源地与旅游目的地之间的各种差异,如政治、经济、社会、民族、文化、自然条件特别是气候等差异。如果是出国旅游,更要考虑到签证、货币、社会、文化、政治、安全等各种因素。旅行社自主设计远程旅游线路要投入较多的人力、物力和财力,同时推出远程旅游线路的风险也较大。

(二)中程旅游线路

中程旅游线路是空间尺度上比远程旅游线路小、比近程旅游线路大的旅游线路,其旅游线路、旅游时间、旅游范围、旅游费用等介于两者之间。可以认为一次外出旅游的里程在200千米到1 000千米之间、旅游时间在2天到5天之间的旅游线路属于中程旅游线路。中程旅游线路可以是越过世界大洲洲际线或国境线的旅游,也可以是在国内旅游的线路。

1. 中程旅游线路的细分

1)洲际中程旅游线路

有的旅游者在旅游过程中虽然越过了世界大洲的界线,但旅游线路长度和旅游时间都在中程旅游线路的范围之内,我们称这样的旅游线路为洲际中程旅游线路,如从西亚到东欧的旅游线路。

2)国际中程旅游线路

国际中程旅游线路是指在一次旅游过程中至少跨过两个国家的边界,且旅游路程和时间都在上述中程旅游线路的范围之内。旅游者选择国际中程旅游线路时仍然要考虑与国际远程线路一样的因素,但在时间和花费上比远程旅游线路都要少一些,因而灵活度也要更大一些。

3)国内中程旅游线路

国内中程旅游线路在一次旅游的时间、旅游的范围方面都比国内远程旅游线路要小得多。在我国目前的情况下,只要不是利用航空作为主要旅游交通工具,由于闲暇时间的限制,一般是以中程旅游线路为主。

2. 中程旅游线路的特点

1)旅游线路较长,范围较大

中程旅游线路一次旅游的里程介于远程旅游线路和近程旅游线路之间,一般在200千米至1 000千米。中程旅游线路所采用的交通工具的选择余地更大,飞机、火车、汽车、轮船都可以。中程旅游一般是在国内旅游或邻国之间的跨国旅游,旅游涉及的空间范围介于远程旅游线路和近程旅游线路之间。

2）旅游时间较长，费用较高

中程旅游线路所需要的旅游时间也介于远程旅游线路和近程旅游线路之间，一般一次旅游所需的时间在 2～5 天。中程旅游线路的旅游费用较少，所以中程旅游线路更受大多数旅游者的欢迎。

3）旅游线路设计难度较大

中程旅游线路在进行旅游线路设计时也要考虑到行、住、食、游、购、娱等各种旅游要素的安排和衔接，如果是国际中程旅游线路，也要考虑到旅游者客源地与旅游目的地的差异和签证、货币、社会、文化、政治、安全等各种因素。旅行社自主设计中程旅游线路投入的人力、物力和财力等要少于远程旅游线路，同时推出中程旅游线路的风险也一般。

（三）近程旅游线路

近程旅游线路是指短时间、小范围的旅游线路。它所涉及的空间范围最小、旅游行程最短、所需时间最少，一般是以所利用交通工具在当天能往返的路程为限，所以有时也将近程旅游线路称为一日游旅游线路。

1. 近程旅游线路的类型

1）洲际近程旅游线路

虽然有的旅游者在旅游过程中已跨过了世界大洲的分界线，但是因旅游线路的路程较短，因而不能包括在远程或中程旅游路线中，这种旅游线路就称为近程洲际旅游线路。当然，这种情况只有一种可能，就是旅游者是在世界大洲分界线的两侧进行近程旅游。

2）国际近程旅游线路

国际近程旅游线路是指旅游者在 24 小时内跨过两国的边界进行旅游的旅游线路。有时也称这样的旅游线路为国际一日游旅游线路。使用国际近程线路的旅游者在统计时常称为国际近程旅游者或国际短程旅游者。

3）国内近程旅游线路

国内近程旅游线路是指在国内旅游不超过 24 小时的旅游者所使用的旅游线路，有时也称之为国内一日游线路。

2. 近程旅游线路的特点

1）旅游线路短、范围小

近程旅游线路的长度是旅游线路中最短的，一般在 200 千米以内。近程旅游线路所涉及的范围最小，通常是在本省、本市或本县之内，近程旅游线路有时也会涉及邻国、邻省或邻市等。

2）旅游时间少、费用低

近程旅游线路所需旅游时间是最少的，一般以一日游为多。所以近程旅游线路的灵活性最大，旅游者利用双休日就可完成一次近程旅游。由于近程旅游线路的线路短、时间少，所以在同样的标准下其所需费用是最少的，这个也是近程旅游线路受到欢迎的原因之一。

3）旅游线路设计难度小

近程旅游线路的线路短、时间少，所涉及的区域范围小，通常离旅游者常年居住地较近，且差异也较小，相比较而言，近程旅游线路的设计难度是最小的。

 **扩展阅读**

"微旅游"需要个性化表达

2020年以来，上海市推出了多个半日游、一日游"微旅行"产品，包括时尚都市、历史古镇、文化探寻、乡村休闲、健康徒步、欢乐亲子等内容，融旅游和本地生活于一体，受到本地市民和外来游客的欢迎。

这种旅程短、费用低，又有特色的旅游方式被业界称为"微旅游"。一位上海市民在体验了以上海建筑为主题的"微旅行"后表示："没想到自己身边的这些老建筑，有这么多故事，有这么多学问。"

近年来，国内旅游业迅速发展。在旅游人数和行业规模不断扩大的同时，旅游市场不断细分，聚焦于都市圈周边的"微旅游"等新兴业态开始成为行业发展的重要内容。"微旅游"体现了新的旅游方式和生活方式，游客在有限的时间空间停下来，像手持一个放大镜，慢慢欣赏因快速生活节奏而忽略的美。

一路走，一路看，最是寻常动人心。一场说走就走的慢游，通过富有个性、参与感的深度体验，对自己的城市收获了新的感悟。例如，2020年7月，北京市文化和旅游局推出首批10条"漫步北京"城市休闲线路，其中，"老城新颜——寻觅王府井大街的文化宝藏"让北京人和外来游客感受不一样的新北京。

相比千里迢迢去遥远之地看风景，发现身边的美好，来一场说走就走的"微旅游"，显得更方便、更轻松。"微旅游"让人们有充足的时间，把一处景点、一个街区、一个主题等慢慢游、细细品，游出不同的味道。

"微旅游"是一种健康休闲的生活方式。游客不需舟车劳顿，只需利用闲暇时间，便可细细感受城市肌理，发现家门口的美景。消费者对于"微旅游"的关注反映了旅游休闲观念的转变。随着生活水平的提高，人们越发注重旅游带来的身心愉悦感。"微旅游"大多是心向往之而达成的出游，因为时间花费不多，随时可以出发，又不需要太多的行装，不需要长时间精心计划和安排。

"微旅游"实际上与自助游、自驾游接近。游客在乎的不是目的地，而是看风景时的心情。如何让"微旅游"体验更丰富，让"微旅游"更好地融入历史风貌、时尚潮流、文娱生活、特色美食等元素，这对"微旅游"产品的设计研发和服务质量都提出了新要求。

一方面，要挖掘更多既符合未来发展趋势又有别于传统旅游概念的"微旅游"产品，在细节上追求精致，围绕特色旅游资源，打造出个性化特色旅游产品；另一方面，有关部门要通过大数据分析，深入了解新潮的玩法和新的旅游资源，帮助平台商家设计新型"微旅游"产品，并通过大数据技术对多样化产品和需求进行精准供需匹配。

资料来源：吴学安. "微旅游"需要个性化表达[N]. 中国旅游报，2020-09-01（3）.

三、按旅游线路的目的内容划分

旅游目的是旅游者出游的主要动机之一。按旅游者的出游目的，旅游线路可分为普通观光型旅游线路、游憩度假型旅游线路、专题（主题）型旅游线路等。

（一）普通观光型旅游线路

普通观光型旅游线路是我国目前旅游线路的主要形式。此类旅游线路一般是为无特殊要求的观光旅游者设计的，常以内容丰富多彩的自然风光和民族风情为主来满足多数旅游者观光游览的需要，对旅游线路中的旅游资源级别要求较高，旅游地与旅游者常住地的差异较大，旅游费用比较经济，以走马观花式为主要游览方式，属于旅游中的基本层次，旅游者一般不会重复使用同一条观光游览旅游线路。

该类线路一般由于旅游者重复利用同一线路的可能性较小，因而旅游线路成本较高。如携程旅行网推出的"昆明＋大理＋丽江＋玉龙雪山6日5晚跟团游"，途牛旅游网推出的"金秋蟹礼—华东五市＋乌镇双飞5日游"等。

（二）游憩度假型旅游线路

游憩度假型旅游线路对旅游目的地的选择没有观光型旅游线路那样对旅游资源有较高的要求。游憩度假型旅游线路多用于满足旅游者度假、休闲、疗养的需要，在一定意义上说，也可称为"深度游"，旅游者对旅游费用的敏感程度没有观光型旅游线路那么高，也不要求有那么多的旅游目的地，但要有特色。

旅游者有时也会根据不同的季节与度假要求选择不同类型的旅游目的地。比如春节期间，北方旅游者前往海南、云南热带亚热带地区度假的就明显增多，他们大多数选择三亚、西双版纳等地，停留5～7天，体验当地自然风光、民俗风情、节庆活动、特色美食，享受不一样的春节假期。

选择游憩度假型旅游线路的旅游者追求的是旅游体验和修身养性，他们在每个旅游点停留的时间长，其重复使用同一条旅游线路的可能性较高。因此，这类旅游线路的设计要简单、经济得多。游憩度假型旅游线路的类型多包括海滨度假、温泉度假、滑雪度假等。如同程旅行网推出的"三亚＋亚龙湾天域度假酒店双飞3～6日自由行"等。

（三）专题（主题）型旅游线路

专题（主题）型旅游线路是一种为了满足某些特殊兴趣和爱好的旅游者，以某一主题内容为基本思路串联各点而成的，具有特定内容的旅游线路。全线各点的旅游景物

（或活动）有比较专一的内容和属性，因而具有较强的文化性、知识性和趣味性。由于各条线路的主题多种多样，因而受到不同兴趣爱好者的欢迎。

随着旅游者文化层次的提高，旅游者需求日益多样化和个性化，旅游市场细分也越来越精细，出现了众多的主题旅游形式，这些主题旅游线路也在各旅游企业宣传或营销中占有越来越重要的地位。如携程旅行网在旅游首页醒目的位置上设置了"主题游"板块，分为"户外""自然""人文""节庆""教育"五大主题，在每个主题下面都有细分的主题旅游线路，如"自然"主题下又设有自然探索、极地探索、全球摄影、动物观察、自然野奢等细化的主题旅游线路。

专题（主题）型旅游线路也是树立国家形象、传播民族文化的重要载体和工具。在当前竞争激烈的国际旅游市场中，各旅游东道国为立足于不败之地，不得不千方百计更新游览内容，不断推出标新立异的专题旅游项目，以迎合旅游者求知、求新、求奇的心理要求，从而出奇制胜、招徕旅游者。

案例资料

基于网红美食的专项旅游线路设计——以南京市美食休闲为例

如比利时先后开展了一系列以纪念活动为中心的专题旅游，如"鲁本斯年""比利时七大奇迹年"和"布鲁塞尔建市一千周年"的纪念活动等，使旅游者接待量显著增长。中国也曾在 2009 年公布了《中国国家旅游线路初步方案》，陆续推出包括"丝绸之路""香格里拉""长江三峡""青藏铁路""万里长城""京杭大运河""红军长征""松花江—鸭绿江""黄河文明""长江中下游""京西沪桂广""滨海度假"等专项旅游线路。

四、按旅游线路的空间轨迹划分

这里的空间轨迹主要指旅游者在旅游过程中的空间移动过程。按旅游者运动的空间轨迹，旅游线路可分为环状旅游线路和节点状旅游线路等。

（一）环状旅游线路

1. 环状旅游线路的概念

当旅游者在空间留下的运动轨迹成为一条闭合环状的线路时，这样的线路就称为环状旅游线路。也就是说，旅游者在外出旅游时，以旅游客源地为起点，经过若干个旅游目的地后回到客源地，中间所经过的路线不重复且成环状，这样的线路就是环状旅游线路。一般环状旅游线路适用于大中尺度的旅游活动。

2. 环状旅游线路的特点

1）旅游线路呈闭合环状

环状旅游线路中的旅游目的地很多，在设计周游型旅游线路时，要根据旅游目的地和旅游资源的空间布局，将其线路轨迹设计成环状闭合，不走回头路。例如，对境外旅游者的出入境地点一般都安排在不同的口岸。

2）旅游效率高，但效果一般

因为设计的线路不走回头路，因此在时间组合上能节约较多的成本。但环状旅游线路在旅游点的活动安排比较紧凑，旅游者在旅游景区（点）的活动受到限制，再加上旅游者要有较多的时间花在各种交通工具上，常是一天换一个住宿地，旅游者会感到十分疲劳，这些都会影响旅游者的旅游体验。

3）线路设计难度较大

环状旅游线路包含的旅游目的地较多，涉及的旅游景景区（点）、旅游活动项目、住宿、餐饮等都比较复杂，在各项选择上要考虑的因素也比较多。再加上空间轨迹环状闭合的限制，对旅游交通等要求极高，因此设计的难度较大。但是设计成功的线路，其生命力普遍较长，有些经典线路可经久不衰。如经典的华东5市游，就是典型的环状旅游线路。

（二）节点状旅游线路

1. 节点状旅游线路的概念

节点状旅游线路是指旅游者在空间的运动轨迹成节点状，也就是旅游者以某一地点（这一地点可以是旅游者的常住地，也可以是旅游者的临时住地）为中心，以放射状的线路到该地点的周围进行的旅游活动线路。一般适用于小尺度的旅游活动。如旅游者到云南旅游，以昆明为中心，向大理丽江、西双版纳、腾冲等四散活动的旅游线路形式。

2. 节点状旅游线路的特点

1）依托中心城市

节点状旅游线路以一个城市（镇）为中心，其他所有旅游目的地都与之连接，形成一个辐射系统，其特点就是有明显的集散地，便于服务设施的集中和发挥规模效益。

2）游览旅程短

节点状旅游线路当天往返的情况较多，所以旅游目的地离住宿地的距离不会太远，一般游览旅程较短，要保证当天能够返回住宿地。在远程旅游线路中，如果某个旅游目的地的周围有较多的旅游景区（点），旅游者也会选择节点状旅游线路。旅游者利用节点状旅游线路时，可以常住地或暂住地为中心，到周围的旅游地进行旅游活动，每天回到常住地或暂住地住宿。这样不仅减少每天更换住宿的麻烦，而且住宿时间延长可能得到更多的住宿费用优惠。

3）符合旅游者心理

如果能在当天完成往返旅游，旅游者一般不愿在外地留宿，一则花费大，二则心理上对暂住地有特殊的归属感，所以，在暂住地附近旅游的旅游者尽可能在一天之内完成游程。如果暂住地附近的旅游点在距离上可以保证旅游者在一天内完成到该点的旅游，旅游者也会选择节点状旅游线路。旅游者经长途跋涉，选定暂住地后，除非暂住地条件特别差，一般不会耗费时间和精力去寻找更好的暂住地，这种心理也使旅游者愿意采用节点状旅游线路。

五、按旅游线路的交通方式划分

按旅游者交通方式，旅游线路可分为徒步旅游线路、骑行旅游线路、自驾游旅游线路、火车旅游线路和邮轮旅游线路等。

（一）徒步旅游线路

徒步旅游是指旅游者以徒步为主要旅行方式的一种旅游形态，即旅游者具有明确的旅游意识，用行走的方式在走近自然景观和人文景观中获得强烈的旅游体验。徒步旅游以健身为主要目的，可锻炼人的意志和毅力，把锻炼身体与观光游览有机地结合起来。

旅游者边走、边游、边看，不受时间或季节限制，从容不迫，自由自在。徒步旅游线路就是依照徒步旅游者的喜好和需求设计而成的一类旅游线路。按照徒步旅游线路所在地理环境可以划分为山野徒步旅游、城市徒步旅游、山地公路徒步旅游等。按照徒步旅游资源并结合线路形式可以划分为自然类休闲徒步旅游线路、人文类徒步旅游线路和特殊综合类徒步旅游线路（如丝绸之路、茶马古道等）。

徒步旅游线路在设计时，要充分考虑其安全性、体验性和教育性的功能特征。徒步旅游者大多追求自然、文化的原始状态，越是原始的，就越能吸引徒步旅游者，但是原始状态的旅游环境往往存在更多的安全隐患，所以在设计徒步旅游线路时，需要把徒步旅游者的安全放在第一位，尽量规避危险地形等安全隐患。

另外，徒步旅游者选择用行走的方式完成旅行，是为了获得更强烈的旅游体验，所以设计此类线路要关注体验质量，要能体现当地特色，如部族迁徙的文化性线路或动物迁徙的自然性线路等。其设计的旅游者活动可以使旅游者深入了解当地的自然生态和人文历史，具有一定的环境教育功能，如携程旅行网推出的"徒步登山·四姑娘山攀登大峰二峰 3 日""徒步登山·【探秘阿里】西藏拉萨＋阿里南线＋圣象天门 10 日 10 晚"。

（二）骑行旅游线路

骑行也称自行车旅行，以自行车为主要旅游交通工具，用骑行的方式来陶冶身心、欣赏美景，最终到达目的地，这是一种低碳环保、经济健康的旅行方式。自行车突破了传统的代步功能，为旅游者提供了一个新的视角。在提倡绿色出行的今天，骑行旅游已经成为一种时尚。越来越多的人背起行囊，跨上自行车，去远行，去看景。骑行旅游线路是为了满足骑行旅游者的需要开发设计的一类旅游线路。

骑行旅游线路的设计需要对骑行线路沿途的自然环境、文化特色、气候条件等有充分考量，对线路途中的穿越时间段、吃住、休憩点要安排合理，并配备骑行旅游所需的专业户外人士做领队，特别是穿越、探索、挑战系列的线路。此类旅游线路对旅游者自身情况要求较高，如身体素质、冒险精神和导航工具使用等。但骑行旅游线路可以让旅游者寻找和发现更多的乐趣。最早骑行旅游线路多是骑行爱好者自行组织发起的，目前已有旅游企业开始关注这一市场细分，如携程旅行网推出的"骑行·【破风·千岛湖骑行】"。

（三）自驾游旅游线路

自驾游是以自驾车为基础开发推广的单一类旅游线路产品。自驾游属于自助旅游的一种类型，是有别于传统的集体参团旅游的一种新的旅游形态。自驾车旅游在选择对象、参与程序和体验自由等方面，给旅游者提供了伸缩自如的空间。

自驾游本身具有自由化与个性化、灵活性与舒适性及选择性与季节性等内在特点，与传统的参团方式相比具有本身的特点和魅力。自驾游旅游线路组织形式呈现多样化，主要有自主组织的自驾游旅游线路、旅行社组织的自驾游旅游线路和汽车俱乐部或其他各种俱乐部组织的自驾游旅游线路。

自驾车旅游的兴起为旅行社提供了新商机，旅行社组织的自驾车出游也成为自驾游的一种重要形式。但值得一提的是，大多数旅行社只能为自驾车旅游者提供订房、订餐及汽车维修等基本服务，而不能提供车辆让旅游者自己驾驶。经营性车辆以及驾驶者是应该有特定资质的，旅行社不具备这方面资质。

自驾游区别于传统参团方式的旅游，主要在于其自主性、区域性、短期性、小团体性和多样性的特点。自驾车旅游者的消费习惯会随其收入、教育程度、年龄、地域性、旅游目的等因素而有所不同。表现在旅游消费中，可能是时间、费用、品质与特殊要求等变量的多重组合，这也与团体旅游有显著的不同。

在设计这类旅游线路时，除了要考虑上述特点外，还要格外关注行程时间问题，以免旅途中发生堵车、天气变化等情况而耽误行程。目前，旅游企业已有很多成熟的自驾游旅游线路供旅游者选择，如携程旅行网推出的"越野自驾·【北疆全景】喀纳斯＋禾木7天6晚""越野自驾·西藏拉萨—巴松措—林芝—珠峰—纳木错—圣象天门8天7晚"。

 扩展阅读

同程航旅：私家团和自驾周边游成元旦主要出游方式

2021年元旦假期，有人因为寒潮来袭决定在家中，也有不少人计划外出走走。同程航旅数据显示，元旦期间以周边游产品预订量居多，私家团和自驾游为主要出游方式。

2021年元旦假期为1月1—3日，周五至周日，很难通过"拼假"变成长假，加上近期国内部分地区出现疫情反复，因此，周边走走看看成了元旦游玩主流。

同程航旅的"趣玩周边"主题汇聚了上海、南京、苏州、扬州、哈尔滨、青岛、大连、北京、天津、成都、厦门、广州等全国多个城市的周边游产品。游客选择所在城市后，即可一览周边爆款推荐及性价比产品，行程以1日为主，最多不超过3日。

上海出发的"普陀山风景区＋南海观音像＋普济寺＋西天景区祈福专线1日跟团

游"和"苏州拙政园＋狮子林＋寒山别院＋寒山寺＋虎丘＋山塘街1日跟团游"哈尔滨出发的"双人包炕＋亚布力激情滑雪＋童话雪乡＋梦幻家园2日跟团游"重庆出发的"VIP小团＋重庆武隆仙女山＋天坑三桥＋龙水峡地缝2日跟团游"厦门出发的"南靖土楼＋云水谣古道深度1日游"广州出发的"涠洲岛＋鳄鱼山公园＋天主教堂＋五彩滩＋石螺口沙滩＋主标志广场＋精致小团1日游"等，都是较热门的周边游线路。

据同程航旅介绍，目前，同程航旅的周边跟团游以私家团为主，部分线路是一单一团，最少两人即可成团，可最大限度保障游客出游安全以及游玩舒适度。同程航旅目前采取的是常态化疫情防控措施，跟团游客人均需符合当地出行防疫要求，严格验证绿码、出行轨迹以及体温检测，确保本人及同行游客放心出游；一线接待人员均严格执行健康防疫检查，全程佩戴口罩，并对体温进行监测；旅游服务车辆均每日消毒，随车配备防疫物资。

此外，自驾游也是比较安全的出行方式，不少市民会选择带家人自驾前往一些相对空旷的自然风光景区和主题乐园等，如上海的佘山和野生动物园、无锡的灵山和宜兴竹海、常熟沙家浜、苏州华谊兄弟电影世界、安徽九华山、广州长隆野生动物世界等。

资料来源：李庆禹.同程航旅：私家团和自驾周边游成元旦主要出游方式[EB/OL].[2020-12-31]. http://www.ctnews.com.cn/lyfw/content/2020/12/31/content_95247.html.

（四）火车旅游线路

火车旅游线路是以火车为旅游主要交通形式的一种旅游线路类型，主要以旅游专列形式推出。旅游专列通常会连接具有代表性的景区（点），满足旅游者想一次出游游览众多景区（点）的愿望。另外，相对普通火车团买票难的现象，旅游专列却不必担心。

旅游专列具有定时、定点、定线等特点，可以发挥"一线多游"的优势，即一条旅游线路可以提供多种旅游选择。从最早的"夕阳红"专列到现在的援疆、援藏专列，选择旅游专列出去游玩已经得到了越来越多旅游者的喜爱，乘坐专列可以尽情地享受沿途迷人的风景，列车靠站后，还可以深入大街小巷，去感受别样的民俗民风。

2021年6月1日8时20分，满载520名旅游者的"龙疆号"（原"龙泰号"）旅游专列从哈尔滨站徐徐开车，驶向新疆阿勒泰，这是中国铁路哈尔滨局集团有限公司在黑龙江省文化和旅游厅、黑龙江省第四批对口支援新疆前方指挥部的支持和指导下，开行的黑龙江省2021年首趟援疆旅游专列。

哈尔滨铁道国际旅行社有限责任公司对旅游线路进行优化升级，精心设计满足广大旅游者需求的新疆精品旅游线路，涵盖沿途敦煌、喀纳斯、阿勒泰、天山天池、吐鲁番等知名景区，让旅游者一饱眼福。除了政府行为外，很多在线旅游企业也通过火车交通资源整合，推出了各具特色的火车旅游线路，如携程旅行网推出的"新疆北疆＋南疆＋喀纳斯＋喀什13日12晚跟团游·新东方快车'天山号'【重新定义高端旅游列车】"等。

（五）邮轮旅游线路

邮轮的原意是指海洋上的定线、定期航行的大型客运轮船。"邮"字本身具有交通的含义，而且过去跨洋邮件总是由这种大型快速客轮运载，故此得名。第二次世界大战后多数军用工业向民用工业转型，航空业随之出现并飞速发展。原来的跨洋型邮轮相比航空运输，速度慢、消耗时间长，逐渐退出了历史舞台。现在通常所说的邮轮，实际上是指在海洋中航行的旅游客轮。

邮轮旅游线路是指以邮轮或游轮为主要载体的一类旅游新线路。邮轮旅行除了邮轮服务费（即需要在船上支付的小费），基本都是一价全包的。具体来说，所支付的邮轮旅行费用（长线自由行和单船票产品除外），已经包含了船票（含住宿、免费餐厅餐食、免费设施使用、船上娱乐节目及活动）、港务费、税费、签证/登陆许可证费用、基本款岸上观光路线费用以及领队费。邮轮旅游线路产品一般都由旅行社代理销售。

就旅行社而言，邮轮旅游线路产品往往由众多旅行社一起销售，而有实力的旅行社往往销售不同邮轮公司的旅游线路产品，主要从事或专门从事邮轮产品销售的旅行社，不仅销售邮轮公司的邮轮产品，而且需要开发旅游线路，需要与休闲度假地、邮轮公司、奖励旅游公司、外轮代理公司、旅游车船公司、旅游景区（点）设施等开展业务。目前很多旅游企业都有稳定成熟的邮轮旅游线路，如携程旅行网推出的"长江叁号9天8晚自由行"、马蜂窝网的"极地纬度邮轮海保艇号"等。

除此之外，旅游线路还可以按照产品的档次划分为豪华旅游线路、标准型旅游线路和经济型旅游线路；按照旅游市场的年龄划分为老、中、青旅游线路；按照旅游线路所需时间划分为一日游旅游线路、二日游旅游线路、三日游旅游线路和多日游旅游线路等。

案例讨论

自驾旅游线路分类空间功能分析——以保山、德宏两地为例

 思考练习题

1. 国内外旅游线路的设计模式有哪些？
2. 旅游线路空间模式的种类有哪些？
3. 包价旅游线路的细分和特点是什么？
4. 自助式旅游线路的概念和特点是什么？
5. 定制旅游线路的特点是什么？
6. 远程旅游线路、中程旅游线路和近程旅游线路的特点分别是什么？
7. 试列举现在比较流行的专题（主题）型旅游线路产品。
8. 环状旅游线路和节点状旅游线路的区别有哪些？
9. 基于交通方式可以把旅游线路划分为几类？

 实务操作

（从下列项目中选择一个项目进行实务操作）

项目 1：在携程旅行网查找任一跟团旅游线路行程介绍，并下载图文行程和日历行程各 1 份。

项目 2：在同程旅行网查找任一境内跟团旅游线路行程介绍，并下载行程详情和行程概要各 1 份。

项目 3：在途牛旅游网查找任一跟团旅游线路介绍，并下载行程明细 1 份。

第三章

旅游线路设计的理论基础
和指导思想

【学习目标】

    旅游线路设计是一项技术性与经验性非常强的工作，在设计时要遵循一些理论基础，并按照一定的指导思想和原则去进行，同时还要考虑其影响因素。对于旅游企业来说，一定要以发展的眼光和实事求是的总原则来编排旅游线路，为国家和社会创造效益，为旅游者提供优质服务。通过本章的学习：

    1. 了解旅游线路设计的相关理论基础；

    2. 明确旅游线路设计的指导思想和影响因素；

    3. 掌握旅游线路设计的原则，并能在这些原则指导下进行旅游线路设计。

业界新闻

乡村旅游热度提升 349%携程与乡村笔记推出独家乡村游学项目

    携程数据显示，2021 年 3 月，携程平台的乡村旅游相关订单比 2019 年增长 349%。根据前瞻产业研究院预测，至 2025 年，乡村休闲旅游年接待游客人数将超过 40 亿人次，经营收入将超过 1.2 万亿元。

    "十四五"规划纲要提出，全面实施乡村振兴战略。携程积极响应政策，启动"乡村旅游振兴"战略，把"旅游乡村振兴"提升至公司战略层面，同时也是公司实现社会效益和履行社会责任的一个最重要的抓手。据悉，未来携程会在人才、资金、技术、资源等方面，着重对乡村振兴进行投入，为乡村振兴贡献自己的力量。

    携程准备以公益性质投入 10 个携程度假农庄样板，后续还会通过"五年行动计划"全面推进乡村振兴战略，具体包括：投入 10 亿元乡村旅游产业基金；对 10 个重点网红村落实现公益孵化；对 100 个旅游村规模化赋能；为乡村旅游培养 10 000 名专业人才。

    携程方面表示，还将通过线上、线下两条渠道扎实推进"乡村旅游振兴"战略，一方面，加大在乡村旅游方面的资金、技术、人力和营销资源的投入，继续提升乡村旅游的服务质量；另一方面，通过在线下建设"携程度假农庄"，解决现阶段乡村旅游发展中的短板。最终实现以点带面，为国家乡村振兴战略的实施作出积极贡献。

近日，游学品牌"乡村笔记"与携程独家合作的乡村游学项目在携程游学频道上线。首发的旅游产品"湘西乡土写作营"将带领 10～18 岁的青少年体验湘西民俗，重走沈从文"湘行散记"之路。值得一提的是，作为乡村笔记创始人，汪星宇已签约成为携程独家 KOS（key opinion sales，关键意见销售），而乡村笔记官方账号也被纳入携程签约旅行家体系。未来，携程与乡村笔记将发掘更多优质乡村旅游内容以及产品，为乡村旅游目的地赋能，让用户体验中国乡村之美。

除了首发的旅游产品外，据了解，乡村笔记运营的川西乡土自然营、湘南乡土艺术营、黄山乡土建筑营、祁连戈壁丝路亲子营、西宁自然科考营、柳州乡土经济营 6 条经典乡村游学路线也将陆续在携程上线。这将为用户带来全新的游学体验。

资料来源：韦夏怡. 乡村旅游热度提升 349%携程与乡村笔记推出独家乡村游学项目[N]. 经济参考报，2019-12-26.

第一节 旅游线路设计的理论基础

旅游线路是个综合的复杂系统，它的设计开发依赖于旅游资源、旅游外部环境、旅游市场、旅游企业等各方面基础条件。同时，旅游线路区域跨度大，属于大尺度的、省区间的区域旅游合作范畴。旅游线路作为一种旅游产品也是有生命周期的，认清这一属性是旅游线路设计的基本前提。

此外，旅游线路设计的优劣直接受旅游市场检验，旅游线路是影响旅游者旅游决策的关键因素。由于旅游者会按照旅游线路安排进行流动，形成旅游流网络，其空间结构分析是旅游线路设计的基础，因此，以旅游系统论、区位论等相关理论为基础，进行旅游线路开发设计，是保障旅游线路科学合理设计的必要前提。

一、旅游系统论

系统科学是 20 世纪 40 年代开始发展起来的一门新兴学科，其特点是用全面系统的角度来认识和研究客观事物的规律，强调系统内部各要素之间的相互作用，在各个领域和学科中得到了广泛的应用。通常来说，系统是普遍存在的，任何事物都可以作为一个系统来看待，因此，旅游也可以作为一个系统来看待。关于旅游系统的研究始于 20 世纪 70 年代，国外学者相继提出旅游系统模型。

20 世纪 90 年代开始，国内学者吴必虎、吴人韦、陈绍友、李文亮等也分别对旅游系统的组织和构成进行了深入的研究。自旅游系统概念提出以来，一直存在着争议。国内外学者对概念的定义都各有不同，其中有提出旅游系统由旅游目的地、旅游客源地、旅游者、交通线路和旅游业五大要素相互作用形成。也有部分学者认为旅游系统是由旅游活动直接参与的各个因素相互作用形成的有机整体，其中包括旅游目的地系统、旅游客源市场、旅游出行系统和旅游支持系统。

从旅游系统论的角度来看，旅游线路也可作为一个旅游系统的部分来看待。旅游线路包括旅游目的地系统、客源市场、出行系统及旅游媒介这些相互作用相互关系的旅游系统构成要素。而在整个系统中有些要素就是构成旅游线路设计的影响要素。旅游系统论的观点是旅游线路设计的重要理论依据，这些依据包括整体性观点、层次性观点和相关性观点等。

（一）整体性

一方面，旅游线路的设计需要从线路整体的运行来研究，基于整体和全局的思考，着重于旅游设计对象的综合性与整体性优化。由于旅游线路大多是由多个景区（点）构成，且每个景区（点）都各具特色、独具风格，所以旅游线路的设计者在考虑以及安排游玩顺序、设计旅游活动和组合景区（点）旅游线路时，应当考虑到各景区（点）的优缺互补，发挥景区（点）的整体性优势。

例如在华东五市五日旅游线路中，上海是经济文化繁荣的国际大都市，杭州是有"上有天堂，下有苏杭"之美誉的山水城市，苏州是以古典私家园林为代表著称的园林城市，无锡是以欧洲城、唐城、三国城等主题公园闻名的主题城市，南京则是八大古都之一，这条旅游线路不仅使各地旅游资源形成优缺互补，而且提高了整条旅游线路的价值。

另一方面，旅游线路的设计也需要注重旅游主体和旅游客体的整体利益。

例如，某些电商平台推出的云南旅游超低价线路，以远低于成本的价格销售旅游线路，鉴于成本原因，旅游服务明显"缩水"，致使旅游者与旅行社矛盾不断，严重扰乱了旅游市场环境，也给旅游业界造成了极坏的影响，同时旅行社也丧失了其盈利的主体资源，这是一种双输的局面。可见科学以及合理的旅游线路设计是旅游者、旅行社和旅游景区（点）多方共赢的必备条件。

（二）层次性

即使是处于同一条旅游线路中，其景区（点）也可能包含世界级、国家级和省级等不同的层次。这样在进行旅游线路设计时将不同的层次进行组合，实现各层次景区（点）的优劣互补，不仅对多地区、多层次的旅游线路平衡发展有利，同时也使得冷点、热点景区（点）均衡搭配，以使得热点旅游区不至于过热，冷点旅游区不至于过冷。如"吉首德夯—凤凰—芙蓉镇—里耶"旅游线，便是以著名国家风景区凤凰为龙头，继而带动整个湘西州的旅游发展。

（三）相关性

在旅游线路设计中将同一层次、不同层次的旅游景区（点）进行物质、能量、信息的交换，继而使各个旅游景区（点）更具吸引力，也只有这样的相互联系才能构成系统，同时需要考虑交通、饭店、餐饮、旅游景区（点）等的相互联系和协调性，以最大化地提升整体效益。在进行旅游线路设计时，应该把旅游活动中所涉及的所有相关要素都考虑进来，作为一个系统，分清楚层次，涉及相关因素地设计旅游线路。

旅游线路的设计不仅仅是用一条线路简单地把各个旅游景区（点）连接起来。旅游线路的设计要考虑到各个方面，是牵一发而动全身的事件，只有设计出科学合理的旅游线路才能带来最大收益。

二、区位论

区位论最早产生于经济学领域，首先由德国农业经济学家杜能于 1826 年创立，产生了以"杜能环"为基础的农业区位论。20 世纪初，德国经济学家韦伯创立了工业区位论。20 世纪 30 年代，德国地理学家克里斯·泰勒根据聚落和市场的区位，提出了中心地理论。之后不久，德国经济学家廖什在克里斯·泰勒中心地理论框架基础上，逐步形成了产业的市场区位论。区位论以单个或某一方面的经济客体为研究对象，是在区域发展条件分析的基础上，寻求单个客体最优区位。

由于旅游资源的不可移动性、异质性和环境依赖性等特点，传统的农业和工业区位论在应用于旅游业时存在适用性问题，但是利用区位概念进行旅游开发分析，是许多旅游学者习惯使用的观察角度。

日本学者协田武光对区位论在旅游开发规划中的应用进行了较深入的研究，发展成为较为成熟的"观光区位论"。在北京大学杨吾扬教授将区位论引进中国经济地理学研究之后，我国很多学者开始将区位论应用于旅游研究，在区域旅游规划中，区位论在确定旅游空间组织层次和规划层次、制定旅游发展战略、寻求区位优势、集聚效应、设计旅游线路、选择线路等方面都存在着很强的应用价值。

三、旅游地生命周期理论

旅游地生命周期理论是对旅游地演进过程描述的一种理论，它是地理科学对旅游学研究的重要贡献之一。旅游地生命周期理论的产生是一个漫长的过程，最早可追溯到20 世纪 30 年代末的英国学者对英国海滨旅游胜地成长过程的研究，而首先提出旅游地生命周期理论概念的是德国学者里斯塔勒，他于 1963 年在其研究欧洲旅游发展时提出该理论。

但被广泛公认并应用的是 1980 年由加拿大学者巴特勒提出的旅游地发展的 S 形曲线图（图 3-1），他提出了旅游地演化的探索、参与、发展、稳固、停滞、衰落或复苏阶段的六阶段模式以及每一阶段所具有的指示性特征和事件。利用旅游地生命周期理论能更好地了解旅游地发展历史，掌控每个不同阶段可能出现的问题并及时进行调整，延长旅游地生命周期，从而实现可持续发展。

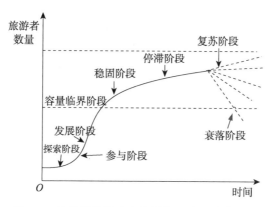

图 3-1　巴特勒旅游地生命周期理论 S 形曲线图

作为旅游商品的旅游线路也是有生命周期的，在起步和探索阶段就应进行旅游线路设计，随着旅游人数的增加等因素的影响，旅游线路设计也要发展，在旅游景区（点）吸引力减小后，这条旅游线路就会衰落、消亡。随着新的旅游产品的出现，这条旅游线路又会复苏。因此，不管是旅行社还是旅游景区（点）的管理部门或者是规划部门在设计旅游线路时要遵循生命周期的理论，这是旅游线路设计的前提。

 扩展阅读

影视＋旅游并非完美　影视旅游有生命周期

影视作为旅游的一种新型营销方式，正在成为一桩事先张扬的旅游推广活动。日前，同程旅游推出的由徐峥设计的"非凡香港"线路首发团顺利返程。除此之外，包括途牛、中青旅、淘宝去啊、芒果网等多家旅游网站和旅行社都推出了相应的旅游线路。

虽然"影视＋旅游"风光无限，但却也有个先天的短板不容回避，就是它的生命周期往往不长。

20 世纪 70 年代，美国俄亥俄州拍《第三类接触》的魔鬼谷，地理位置非常偏远，但影片一热映，第二年的游客量就同比增长了 70%。不过，影片热度一过去，游客量又回落了。

"问题是，这样的产品生命周期只有一年甚至半年，影视剧热播一过，就失去了吸引力。"京城某旅行机构相关负责人一句话点破了业界的尴尬。她认为，这样的发展模式对旅行社的要求非常高，为了能追上影视剧，旅行社需要频繁推出新产品，需要旅行社有很强的创造力和资源协调能力。

且影视旅游，很容易产生时空集聚，某一时段、某一地点的游客蜂拥而来，因交通、住宿和餐饮等旅游配套设施跟不上，游客会大失所望，不再有"回头客"，继而影响口碑，失去发展机会。"能不能借影视热映的势头赚足，非常考验后续策划及周边产品发展。"浙江海洋学院人文学院副教授秦良杰表示。

中国旅游研究院学术委员会主任魏小安曾在接受媒体采访时表示，无论效果再好，影视的效应终归是一次性的，要想把短暂的拉动变成较长久的旅游兴奋点，还有许多工

作要做。在电影中的旅游宣传,实际做的是形象宣传,解决的是"到哪儿去"的问题。接下来应当借力使力,进行第二个层面的产品宣传,提供吃、住、行等多方面的信息,解决"去做什么""怎么去"的问题。第三个层面就是口碑宣传,通过满意的旅游服务,吸引更多的人来,也就是解决"要不要再去"的问题。

携程网相关负责人认为,打造影视剧同名旅游产品应该强调从剧集元素、情感元素出发,挖掘消费者深层旅游需求,并且紧密结合流行文化,实地打造符合粉丝心理需求的产品。"景区的影视热之后,吸引游客再来舟山的东西是什么?必须得是文化,得拿一些文化的东西给人家。"

秦良杰介绍,这方面韩国做得较出色,《大长今》的热度过去了,但政府借此做了很多文化宣传的活动,像服装、饮食,影迷们不仅对《大长今》感兴趣,还对韩国的文化发生兴趣。

资料来源:邵希炜. 影视+旅游并非完美 影视旅游有生命周期[EB/OL]. [2015-11-20]. http://www.ce.cn/culture/whyq/whyq108/108qh/201511/20/t20151120_7071234.shtml.

四、旅游决策理论

旅游决策是指旅游者作出外出旅游的决策,即人们对其自身旅游行为的决定。旅游者根据个人自身旅游需求和旅游目的,收集整理相关的旅游信息,制订并选择符合自身需求的旅游方案,并最终将其付诸实施的整个过程即是旅游决策。

有学者提出影响旅游决策的因素主要可以分为六个类别,即旅游服务因素、社会支持因素、群体支持因素、个人心理因素、个人社会经济因素及其他因素,除此之外还受决策者的人口统计学特征的制约。此外,也有学者提出旅游线路是影响旅游决策的关键因素。因此,从旅游线路设计来看,其设计影响因素对旅游者的旅游决策有着至关重要的作用,旅游者对于旅游线路产品的选择购买决策是旅游线路设计所需要考虑的最关键因素之一。

五、社会网络理论

社会网络是指社会行动者及其间关系的集合,即由行动者以"节点"的形式构成网络的基本要素,并通过一定方式汇总成为复杂的关系体系,它是社会科学新的研究范式。

社会网络的思想最早可追溯到20世纪30年代的心理学和人类学研究,到20世纪90年代,社会网络理论得到迅速发展,比较有代表性的有罗纳德·伯特的"结构洞理论"和林南的社会资本研究,这些理论研究进一步拓展了结构分析观。社会网络分析理论在分析旅游流网络、旅游目的地发展现状及演化趋势方面有较高的应用价值,并且通过可视化地展示网络关系,直观地了解问题。

目前社会网络分析理论已广泛运用于旅游学科中,主要涵盖旅游者流动、旅游目的地空间结构、旅游产业集群、旅游目的地相关利益群体关系等多个研究方向。由于旅游者会按照线路安排进行流动,通常会涉及多个旅游目的地和旅游景区(点),所以应从整合的视角进行系统设计，用社会网络分析方法探讨旅游线路中的空间结构问题。

第二节　旅游线路设计的指导思想

旅游线路设计是根据现有旅游资源的分布状况以及整个区域旅游发展的整体布局，采用科学的方法，确定最合理的游线，使旅游者获得最丰富的旅游经历的过程。旅游线路设计主要从两个方面来考虑。

一是尽可能满足旅游者的旅游愿望，使旅游者获得最佳的游览效果。

二是便于旅游活动的组织与管理。旅游线路设计是一项技术性与经营性非常强的工作，其意义是便于旅游者有目的地选择、安排自己的旅游活动，有计划地支配旅游费用，避免"漫游"，有利于发挥各旅游点的功能和便于旅游服务部门组织接待等。在旅游线路设过程中需要遵循以下指导思想。

一、体验旅游

以"体验"为经济提供物的体验经济是继农业经济、工业经济和服务经济之后的新经济形式。随着旅游业的持续发展和国民消费观念的逐步转变，体验经济概念已悄然融入旅游产业体系的各个方面。在体验经济时代，随着旅游者旅游经历的日益丰富、旅游消费观念的日益成熟，旅游者对体验的需求日益高涨，他们已不再满足于大众化的旅游产品，而更渴望追求个性化、体验化、情感化、休闲化以及美化的旅游经历。

旅游者全方位的旅游体验，依靠丰富多彩的旅游活动来实现，而旅游活动的核心，则是旅游产品的开发与设计。因此，在旅游线路开发与设计的过程中必须对其内涵进行深层次的发掘，使旅游者在体验过程中可以完全融入文化的情境与氛围中，以提高旅游体验的质量。

旅游最核心的其实就是体验，做创新当然也要在体验这一层面下功夫。旅游感官的直接体验主要诉诸风光、服务、旅游线路设计和内容产品设计。旅游精神的间接体验主要体现在对目标旅游地或者目标宣传地的文化阐释上，如何塑造旅游线路品牌、如何优化服务让客户满意并产生品牌的忠诚，是最需要考虑的部分。

扩展阅读

"体验式中国游"受老外追捧

二、创新精神

创新精神是一种勇于抛弃旧思想旧事物、创立新思想新事物的精神。任何产品都要经历从投入到衰退的阶段，旅游线路也遵循这一规律。旅游市场具有不稳定性和可选择性，因此旅游线路的设计只有随着市场的不断变化而不断创新，才能使旅游线路具有强大的吸引力和生命力。

旅游线路创新是一个旅游企业兴旺发达的不竭动力,从某种意义上来说,一条创新的旅游线路就是旅行社、旅游景区(点)等旅游企业取得良好经济效益的保证。旅游线路的设计要在适应旅游产品不断变化的情况下不断更新,对传统线路应该有所改进和突破,对旅游资源、交通等要素进行新的组合,以实现旅游线路的可持续发展。

随着科学技术的发展,人工智能、大数据以及定制化、个性化的体验,让旅游线路设计者能够更好地分析理解用户的体验。大数据应用,其真正的核心在于挖掘数据中蕴藏的情报价值,借助大数据可以做到更好的资源共享和汇集,有助于旅游线路设计的创新变革。通过大数据的分析,可以准确地掌握到旅游客源来自哪些地区,可以了解旅游者喜欢什么样的产品,从而开发迎合市场需求的产品线路。

案例讨论

基于"一带一路"倡议下途牛网旅游线路优化创新

三、全域旅游

全域旅游作为全新的旅游发展观,既是对过去 30 多年我国旅游业发展的继承和升华,也是对大众旅游时代我国旅游业发展战略的再定位。从"景区(点)旅游"走向"全域旅游",是新常态下我国旅游业深化改革的重大举措,是关乎中国旅游业未来发展的理念革命。

全域旅游是在一定区域内,以旅游业为优势产业,通过对区域内经济社会资源尤其是旅游资源、相关产业、生态环境、公共服务、体制机制、政策法规、文明素质等进行全方位、系统化的优化提升。全域旅游实现区域资源有机整合、产业融合发展、社会共建共享,以旅游业带动和促进经济社会协调发展,这是一种新的区域协调发展理念和模式。

在全域旅游中,各行业积极融入其中,各部门齐抓共管,全城居民共同参与,充分利用旅游目的地全部的吸引物要素,为前来旅游的旅游者提供全过程、全时空的体验产品,从而全面地满足旅游者的全方位体验需求。自助游、深度游已成为现阶段旅游者出行的主要方式,传统的"孤岛型"的景区(点)旅游模式已无法适应旅游者新需求。

在此背景下,推动全域旅游发展首先要跳出"小旅游"思维,创新理念认识。旅游线路设计者在设计线路时应遵循这一主旨,不再停留在追求旅游人次的增长上,而应注重旅游线路质量的提升,追求旅游对人们生活品质的提升,追求旅游在人们新财富革命中的价值。

四、美学思想

旅游美学的最根本意义在于,其具有促进和提升旅游实践品位与格调的功能。旅游是现代人对美的高层次的追求,是综合性的审美实践。旅游线路设计就是要在旅游资源中发现美,并按照美学原理创造美,使分散的美集中起来,形成相互联系的有机整体,使复杂、粗糙、原始的美经过创造和保护而美颜永驻、跨越时空、流传久远。

旅游线路设计者必须了解旅游者的需求，即旅游者对景观的审美偏好、审美习惯，以最大限度满足旅游者的审美需要，进而获得社会的认可和回报。美的最高境界是自然的意境美、艺术的传神美、社会的崇高美和悲壮美，这也是旅游线路设计中所追求的最高目标。旅游产品的美学特征越突出、知名度越高，旅游吸引力和市场竞争力就越大。

五、生态观念

生态旅游的产生是人类认识自然、重新审视自我行为的必然结果，体现了可持续发展的思想。生态旅游是经济发展、社会进步、环境价值的综合体现，是以良好生态环境为基础，保护环境、陶冶情操的高雅社会经济活动。在生态观念的影响下，旅游业提出了"留下的只有脚印，带走的只有照片"等保护环境的响亮口号。

非洲的肯尼亚和拉丁美洲的哥斯达黎加是发展生态旅游的先行者，美国也是开展生态旅游比较成功的国家之一，欧洲各国及日本、澳大利亚、新西兰等国家和地区的生态旅游也开展得丰富多彩。中国生态文明建设重要政策的实施，推动了中国生态旅游的快速发展。生态旅游已成为现代世界上非常流行的旅游方式。它所提倡的"认识自然，享受自然，保护自然"的旅游概念是 21 世纪旅游业的发展趋势。随着生态旅游的开展、旅游者环境意识的增强，旅游者的旅游热点逐渐转向到大自然中去缅怀人类曾经与自然和谐相处的"怀旧"情结，在对自然景观的保护中，践行旅游的可持续发展。

第三节　旅游线路设计原则

旅游线路是旅行社为旅游者服务的旅游产品，旅游线路设计包括吃、住、行、游、购、娱六大要素的统筹配置。旅游线路设计除了满足旅行社的利润需求外，还要考虑旅游者的需求。结合旅游活动的客观规律，旅游线路设计应遵循以下基本原则。

一、满足旅游者需求原则

旅游者个体特征（如年龄、职业、兴趣、爱好、收入状况、受教育程度等）不同，其旅游需求也有差异，从而导致旅游市场呈现多元化和个体化特征。旅游线路是旅行社推向市场的产品，要经受旅游市场的检验，任何一条火爆的旅游线路，都会因旅游者需求的变化而有其固定周期性。旅游企业在设计和研究旅游线路时，要根据旅游需求细分市场，不断进行线路更新，增强新奇感和吸引力，这样才能赋予旅游景区（点）新意，从而受到旅游者追捧。

旅游群体（如学生、年轻人、老年人、都市人、北方人、南方人等）特征差异，也要求旅游企业细分市场，设计适合不同群体需求的旅游线路，满足他们的需要。如针对好奇心强、求知欲旺的青少年学生群体，可以推出游学、科考的旅游线路，如研学旅游线路；针对喜欢冒险、刺激的年轻人，可推出漂流、蹦极、野外露营的旅游线路；针对喜欢安逸、注重健康的老年人，可推出异地疗养、体育锻炼的旅游线路，如康养旅游线路等；针对喜欢安静、远离喧闹的都市人，可推出体验自然或乡村风光为主的旅游线路，如乡村旅游线路等。

扩展阅读

"三孩"来了，亲子游产品如何创新

二、合理布局安排原则

旅游就是人们离开常住地到异地去寻求愉悦和审美的一种活动。旅游者的旅游体验好坏与旅游线路空间设计、旅游景区（点）顺序安排，以及旅游者本身的人体生物节律性有关。所以，在安排旅游景区（点）时要有最优化的旅游线路空间设计，不走回头路，形成环形线路安排，尽量增加旅游者"游"的时间。旅游线路设计中，各旅游点之间的距离要适中，避免重复经过同一旅游点。旅游线路涉及的交通环节要"进得去、散得开、出得来"。

另外，在安排游览顺序时要合理，线路编排富有节奏感，劳逸结合，有急有缓，保证旅游者有充足的休息时间。一般情况下，水景宜安排在清晨欣赏，植物景观宜安排在下午，山体景观宜安排在傍晚；登山、攀岩等运动量大的活动宜安排在上午进行，游泳、沙滩浴等则适宜安排在下午水温高的时候。

当然，人的情绪由于受人体生物节律的影响，有高峰、低谷。上午是旅游者猎奇、求知等欲望强烈的时候，可适当紧凑安排旅游景区（点）；下午较疲倦，情绪低落，线路安排时可适当减少旅游景区（点）。在旅游情绪低谷期，可安排欣赏自然资源，情绪高涨时安排人文资源的游览。只有使旅游者有良好旅游体验的旅游线路才能占领市场。

三、突出主题特色原则

旅行社设计的旅游线路，都需要有一个吸引旅游者的内涵和主题，只有主题突出的旅游线路，才能满足旅游者的需要，才会被市场认可而具有生命力。如云南旅游线路的设计，除"彩云之南"优美的风景外，特色主要在于云南25个少数民族的民俗风情以及当地的建筑和特色古镇等，这是世界上任何地方都没有的特色旅游线路。

旅游线路设计中常犯的毛病是缺乏新意，而不断推陈出新是尊重科学、按照客观规律办事的具体体现。当代社会是一个张扬个性的时代，个性化趋势日益明显，不同的旅游者之间存在着很大的需求差异，不同旅游类型的线路设计应有差别。在设计线路时，应对市场具有敏锐的感应能力。

比如现在很流行"候鸟式"旅游、以中小学教材描述的景区（点）为旅游节点的修学式旅游、网红景区（点）的打卡式旅游等，我们就应该有针对性地设计此种旅游线路，而俱乐部旅游的线路设计应当有别于一般的大众旅游。为了能够真正和充分享受大自然，线路一般需避开旅游热点和高峰旅游人群。

案例讨论

拾海派繁花：以张爱玲文学为例的主题性旅游线路设计

四、体现时效优先原则

旅游活动的效果或旅游者的旅游体验受自然景观、客观因素影响明显，如何使旅游者的旅游活动与旅游地优美的自然景观、良好的客观环境完美结合，体现时效优先原则，是旅游线路设计者需要考虑的问题。体现时效优先原则要因地制宜展现旅游美景、针对不同的季节推出不同的旅游线路、紧扣社会热点推出适应性旅游线路。

自然景观作为旅游活动的客体，具有季节性变化的特征。一些自然景观受季节变化影响，一年四季呈现不同的景象。某些特定的自然景观只有在特定的季节或特定的时间才能看到。如观赏香山红叶只有在深秋时分，著名的吉林雾凇只有在隆冬时节才会出现等。旅行社在设计旅游线路时应该熟悉各个旅游地自然景观的季节变化特点，推出相应的旅游路线。旅游线路的时效性不仅体现为旅游目的地最美的环境上，而且表现为该旅游目的地旅游路线应适合人们出游的季节。

旅行社在设计旅游线路时，应考虑旅游线路的投放时段与人们出游的特点是否相符，针对旅游者不同的旅游季节的消费特点推出适时的线路。旅游线路设计还应及时关注社会信息、迅速把握机会、果断决策、抢占先机，设计出积极主动响应市场需求的旅游线路产品。旅行社紧扣社会热点适时推出相应旅游线路，如奥运会游北京、世博会游上海、电影《非诚勿扰》热映后游三亚、电影《泰囧》热播后游泰国等，不仅能受到旅游者的欢迎，也能给旅行社带来良好的经济效益和社会声誉。

五、效益相互协调原则

为了旅游资源的可持续发展，要做到开发和保护同步进行。现实中部分旅游企业的短视行为，过度追求眼前的经济效益，把热点旅游景区（点）简单串联组成旅游线路推向市场，导致旅游景区（点）人满为患，超过了旅游景区（点）的承载力和接待能力，既破坏了旅游景区（点）的生态环境，又影响了旅游者的旅游质量，特别是对人文旅游资源的破坏更加严重。

设计旅游线路时，在选择知名度高的旅游景区（点）的同时，适当加入一些温、冷的旅游景区（点），不仅有助于保护旅游热点景区（点）的环境，也可以带动温冷旅游景区（点）的发展。如被誉为"天空之境"的茶卡盐湖，由于旅游者过多，湖水受旅游者频繁搅动，盐在湖中无法结晶，从而影响到湖水的折射，一些旅游者去茶卡盐湖发现它不像网上拍的照片那么漂亮，便错误地认为这是一场骗局。

旅游者过多，不但影响了盐湖城原有的生态环境，也对旅游者自身旅游体验产生负面影响。同时，旅游者过多，还严重影响当地居民的生活、生存质量，对旅游者出现排斥，甚至引发冲突，形成了较为严重的社会问题。所以我们在设计旅游线路时，要将经济、环境和社会效益三者相协调。

六、多方利益共赢原则

旅游者总是希望能以最少的费用、最少的时间、最省的精力获得最大的旅游满足。而旅游企业从自身发展的需要，希望获得良好的经济效益。在进行旅游线路设计时要兼顾二者利益，达到共赢。如2020年7月出现在某电商平台的"云南豪华双飞6日游"，旅行社销售报价为199元，费用明显不够。

旅行社为了盈利，在成团后就马上要求旅游者增加旅游景区（点）或强迫其进行购物消费，否则旅行社将会亏损，并且导游也没有收入。恶性的价格竞争，使旅行社的利润很低，旅行社无法可持续发展，作为旅游媒介，必然影响到旅游业的发展。这样的旅游线路，难以实现双赢。

七、保障安全第一原则

旅游是为了获得生命中的不同体验，假如为了旅游而丢了命，那么为什么旅游呢？在旅游活动中，保障安全是旅游者最基本的要求。安全是旅游线路设计的第一原则。在旅游安全没有保障的情况下，再精彩的游览活动也不能激发旅游者的旅游兴趣。

只有那些能确保旅游者人身、财产安全的旅游线路，才能让旅游者放心购买、放心游玩，才是有市场活力的旅游线路。旅游线路设计中要保障食、住、行、游、购、娱各个环节的旅游者安全问题。此外，旅游线路设计还要考虑政治环境安全和公共卫生安全等多个方面的问题。

在餐饮安全方面，如果在食品安全上发生问题往往会造成比较严重的后果，甚至会危及旅游者的生命安全，因此，在设计旅游线路时应格外重视餐饮安全问题，选择正规的旅游定点饭店。菜品以大众菜为主，一般不安排特色菜，因为有些特色菜原料和加工方法都比较特殊，旅游者食用后可能会引起身体不适。

在住宿安全方面，住宿安排是整个旅游线路设计的重要一环，会直接影响旅游的质量，因此所选酒店的安全性和舒适度很重要。在旅游线路设计时应选择正规的旅游定点酒店、旅馆或民宿等，其卫生环境良好，且交通便利。住宿安排以安全为主，国内旅游线路中的住宿安排安全问题不多，但是出境旅游线路设计中住宿安全要多多留心，境外治安环境复杂，不要把住宿酒店选择在城市治安管理比较混乱的红灯区等附近。

在交通安全方面，在旅游线路设计时必须选择安全的交通路线和有质量保证的交通工具及运输公司。旅行社在保障安全的基础上再选择经济省时的路线。如雨季的山区常常会有山体崩塌、滑坡的现象，乘汽车沿盘山公路上山的安全性就大大降低，坐索道上山虽然会增加成本，但行程的安全性却更有保障。

另外，在旅游线路设计中要注意尽量不安排夜间交通。一些旅行社为了在有限的时间内安排更多的游览活动，提高经济效益，往往会采取夜间行车、白天游览的模式。表面上看，旅行社提高了旅游效率，但实际上却增加了旅游交通安全的隐患。因为夜间行车，不仅路况差，而且驾驶员受生理规律支配往往感觉比较疲劳，容易造成交通事故。

在旅游者自由活动方面，旅行社在设计旅游线路时，一般都会安排适当的自由活动时间，就是由旅游者自行安排在旅游目的地的活动，无须导游或旅行社人员陪伴。从理论上说，旅游者在自由活动期间的人身安全、财产安全与旅行社无关，但实际上一旦在旅游过程中旅游者发生安全事故，旅行社也难辞其咎。因此，旅行社在旅游线路中是否安排自由活动，安排多长时间，应以确保安全为出发点。

一般说来，在治安状况良好、社会环境稳定的旅游目的地可适当安排自由活动，而在那些社会环境、治安状况较差的旅游目的地最好不要安排自由活动，以免发生意外。

案例讨论

"私人订制"的旅行

思考练习题

1. 基于旅游地生命周期理论，在旅游线路开发设计过程中应注意哪些问题？
2. 旅游线路设计的指导思想有哪些？
3. 旅游线路设计应遵循哪些原则？

实务操作

（从下列项目中选择一个项目进行实务操作）

项目1：根据所在学校情况，为学校新生及家长设计一条校园旅游线路。

项目2：了解学校所在城市的旅游资源，为学校新生及家长设计城市一日游线路。

项目3：选择国内一所知名高校，查找相关资料，设计一条某知名高校校园旅游线路。

第四章
旅游线路设计的市场调研

【学习目标】

　　旅游线路设计涉及市场调研、产品计划、谈判定价、宣传曝光等一系列系统而复杂的过程。市场调研是这套标准化流程的前端工作，只有科学充分地进行前期市场调研，才有利于开发出受市场欢迎的旅游线路，实现旅游线路产品创新，从而更有效地避免旅游线路的同质化现象。通过本章的学习：

　　1. 了解旅游消费者行为的特点；

　　2. 理解影响旅游消费者行为的各种因素；

　　3. 熟悉旅游消费者购买决策的过程；

　　4. 掌握旅游市场调查方法；

　　5. 能够熟练使用问卷调查法对旅游市场进行调查分析。

业界新闻

一线调查：老人旅游如何惠而康

　　有闲又有钱的老年人也渴望来场"说走就走的旅行"。全国老龄委调查数据显示：当前老年旅游人数已占据旅游总人数 20% 以上。老年人对旅游产品的质量与服务有着特殊的要求，但老年旅游市场仍存在着服务不完善、旅游产品单一、年龄歧视、低价团欺诈等现实问题，游客的安全和权益得不到有效保障。如何才能让老年人有个安全、实惠又舒心的旅程？请看记者云南调查——

　　随着老年人旅游观念的转变，"银发"旅游让原本旅游市场的淡季火热起来。记者走访了几家旅行社，发现中老年客户已占到三成左右。与此同时，老年人跟随子女出行或选择自由行的情况也日渐增多。

银发市场潜力巨大，价格和安全成为老人考虑的重要因素

　　"我们刚带完几个旅游团，都是针对老年人开的夕阳红系列团。"云南某家旅行社的导游小杨忙得不可开交……他告诉记者，每年 4 月和 10 月前后都是老人选择出游的旺季，旅行社会根据实际情况推出老年旅游团体专列，通常很快就能报满。"老年人喜欢错峰出行，一是价格便宜，二是时间相对宽裕，三来游客没有那么集中，春秋时节最适合老年人出行。"小杨说。

"在老龄人口不断增多的情况下，开拓老年旅游市场势在必行。"云南大学商旅学院的研究者杨懿认为，相比其他旅游群体，老年群体的时间和经济状况更充裕，再加上国民身体素质和消费水平的提高，未来老年旅游市场的发展势头不容小觑。

据云南某市旅发委相关负责人介绍，现在自驾游、自由行火热后，接待的团队游客和散客的比例在 7∶3 左右，而传统团队游还是以老人居多。"老年人喜欢结伴出行，成团集中。老年人选择旅游产品的观念也在逐渐变化，一些条件更好的老人会选择自由行或者跟随子女自驾游。"该负责人说。

73 岁的段怡是位旅游达人，自打退休起就爱上了旅游，不仅多次去过中国香港、澳门，还远赴美国、欧洲、泰国感受异域风情。"确定好旅游目的地后，我们会一家家旅行社询价比较，然后选择旅游团。团费是我们比较看重的因素。"段怡说。

"价钱适中，旅行质量也要得到保障"，是很多老年人的心声。而在他们的子女看来，"安全"则是第一位的考虑要素。

资料来源：李茂颖. 市场潜力巨大,服务仍不完善,旅游产品单一, 低价欺诈严重——一线调查: 老人旅游如何惠而康[N]. 人民日报, 2017-01-05.

第一节　旅游者消费行为分析

旅游业以旅游者的存在和消费为主要前提，没有旅游者和消费，旅游业就无法存在。旅游消费作为一种特殊消费，它既是物质商品消费和服务商品消费的集合，也是体验消费的普遍存在形式。旅游企业、旅游目的地只有通过满足消费者的需求才能在市场上生存与立足，那么理解消费者的行为就显得尤为重要。

进入 21 世纪后，伴随计算机和网络成长的一代开始并正在成为社会的栋梁，父辈创造的财富基础将造就我国庞大的旅游休闲消费群，新一代借助信息技术所产生的旅游向往、消费观念、消费经验和消费知识等都将超越其父辈。时尚、休闲、旅游、探险、追求个性价值和多元文化融合，将造就新一代旅游消费者。

在环境变化、技术革新、竞争激烈的情形下世界旅游业也在发展，为了生存与发展，旅游市场正在日新月异地创造出许许多多的新产品。旅游线路产品要想在激烈变化的市场竞争中占领优势地位，就要求旅游线路设计者能够对变化的市场环境进行科学的预测和决策，然后在此基础上调整设计方案，吸引更多的旅游者。因此，不断探索、研究旅游消费者心理和行为不仅有利于为旅游消费者创造价值、有利于旅游经营商和旅游目的地改进旅游线路设计，更有利于促进区域旅游业的持续发展和兴旺。

一、旅游消费者行为的概念和特点

（一）旅游消费者行为的概念

现代旅游本质上是一种消费活动，旅游者就是旅游活动的消费者，可以称为旅游消费者。旅游消费者的行为即旅游者的消费行为，是指旅游者作为消费者的行为。根据消费者行为学对消费者行为的界定，旅游消费者行为也可以分为两个构成部分，即消费者的行为和消费者的购买决策过程，两者相互渗透，相互影响，形成了旅游消费者行为的完整过程。虽然对于旅游消费者行为的概念，学者们众说纷纭，其见解不一而足，但是其概念中都强调了旅游消费行为是旅游者的一个购买决策过程。

旅游消费者行为是指旅游者为了满足旅游愉悦等体验的需要，选择并购买旅游产品的过程（孙九霞，陈钢华，2015）。这个过程包括出游前需要的产生、决策过程，在旅游景区（点）的消费、购后评价这几个主要环节。同时，旅游消费行为的产生、兴起、进行、结束整个过程都受到旅游者的心理和其所处的地理、社会、经济、文化环境等多个因素的影响，是一种具有综合性、边缘性、超常规性特点的体验活动。

（二）旅游消费者行为的特点

旅游消费者行为具有复杂性和受动机驱使两个基本特点。

1. 旅游消费者行为具有复杂性

旅游消费者行为包含着多方面意义，是一个复杂的过程，主要体现在消费过程和消费行为上。

从消费过程上看，一般产品消费过程可划分为购买、消费、处置等三个可明显分离、依序发生的阶段。但是，这三个阶段在旅游消费过程中并非泾渭分明，尤其是随着现代资讯的发展，网上预订、网上支付成为一种常见的方式后，旅游消费者的购买阶段和消费阶段并没有明显的分界线。

从消费行为上看，旅游者在消费之前、消费过程中会受到其态度、动机、认知、经历、所处的社会、经济、文化背景影响。另外，旅游消费者往往在购买旅游产品的同时就开始评估旅游经历，并在整个消费过程中以及消费之后继续评估自己的旅游经历，而不是像有形产品消费者那样，在使用产品之后才开始评估产品。而且，旅游消费者对旅游消费的评估往往夹杂着主观性较强的情感因素。此外，与有形产品相比，在大多数旅游消费过程中都不存在处置阶段。

2. 旅游消费者行为受到旅游动机驱使

旅游动机是引发、维持个体的旅游行为并将行为导向旅游目标的心理动力，是推动人们进行旅游活动的内在心理动因。因此，旅游消费以及旅游消费者的行为，毫无疑问地将受到旅游动机的驱动。旅游消费者行为的多样化，也是旅游动机多样化的必然结果。值得注意的是，旅游消费者行为中也包含一定量的冲动性购买，其水平有攀高的倾向。

从现象来看，旅游者在旅游过程中的消费，即使在开支规模上大体是预算型的，但在支出方向上也不像居家消费时那样理智。这两种情况都是可以理解的。在一个陌生的环境当中旅游，见到的自然多是陌生的、新奇的东西，购买自然也就随兴之所至。另外，与居家消费相比，旅游者消费有明显的攀升倾向。这也是旅游消费者行为受到旅游动机驱使的典型例证。

 扩展阅读

亲子旅游呈现新特点 产品服务面临再升级

随着"80后"和"90后"逐渐成为新生代父母的主力军，"带娃出游"已成为亲子旅游市场的主流消费趋势。中国旅游研究院近期发布的《中国家庭旅游市场需求报告》显示，76.1%的受访者与孩子进行过家庭旅游，在家庭人员选择方面，孩子是优先选择。由此可见，亲子旅游已经成为家庭旅游的重要组成部分。同时，"80后"和"90后"新生代父母所具有的特殊性，也赋予亲子旅游新的特征。

"80后"和"90后"新生代父母更注重自我，"爱自己才有能力爱孩子"成为他们的心声。"80后"和"90后"父母的理念是，真正的亲子游应该是亲密快乐的家庭之旅，亲子游项目不仅要考虑孩子的特点和需要，还要兼顾父母的休闲娱乐及放松需求。"小孩和大人各得其乐"，几乎是所有"80后""90后"家长的首选旅行方式。亲子旅游正从"孩子导向"变为"家庭导向"，这种新的旅游需求，正在推动相应旅游产品的换代升级。

亲子旅游低龄化特征明显。驴妈妈数据显示，近年来，3岁以下宝宝的出游订单约占整体亲子游订单的30%。这表明，国内亲子游呈现出低龄化趋势，越来越多3岁以内的孩子跟着父母一起出游，欣赏美丽风景，体验异地文化。这对相应的亲子配套设施、旅游产品设计、行程安排等都提出了更高要求。

"二娃同游"也给旅游发展带来了新挑战。携程发布的数据显示，亲子用户中二孩家庭占比近20%。如亲子房等配套设施能否满足二娃家庭需求、旅游线路及产品设计能否同时满足大宝和小宝的需求等都是业界需要考虑的问题。亲子游产品升级的解决方案需要面对这些挑战，今后的产品设计要把二孩考虑在内，在环境布局、生活用品、娱乐设施等方面，满足二孩的不同要求。

与火热的亲子旅游市场发展相比，国内的亲子旅游产品品质仍有待提升。在大多数旅行预订平台搜索亲子游项目，会搜出多条相关线路，而这些线路大多只是在线路名称上加上了"亲子"两个字，只是对原有产品进行简单的包装，加入一个或几个亲子主题要素，比如博物馆、海洋馆、主题游乐园、亲子主题酒店等，内容与同款非亲子游产品差别不大。

在亲子游火热的同时，相应的投诉也不断增加。亲子游产品缺乏精细化的服务标准或者服务场景。现在市场上的儿童亲子房，大部分都是为一娃家庭准备的。另外，孩子欣赏风景的视野和大人是不一样的，例如几岁的孩童可以利用一张彩色糖纸看到不一样的天空、建筑和草地，但是目前大多数的旅游产品没有提供这种细微层面的服务。

未来，亲子旅游将带动关联产业快速发展，助推"亲子+"市场前景无限，带动关联产业技术革新。亲子旅游涉及的产品众多，比如住宿、餐饮、母婴用品、服装、防走失智能手环等，亲子旅游规模化发展将促进这些产品换代升级，如品牌亲子房、便携式母婴产品、出游亲子装等将大量出现。亲子游也给其他相关产业带来无限商机，比如在电商的冲击下大部分实体购物中心经营惨淡，然而只要有"亲子业态"，即使没有电影院、没有快时尚，甚至没有餐饮，购物中心也生机勃勃。

未来亲子文旅产品发展需要标准化、精细化、场景化。服务标准化是针对不同年龄段和不同兴趣特点的人群提供更加人性化和专业化的服务。比如，根据不同年龄段设计不同风格的亲子游线路，打造不同风格的亲子舞台剧、动漫产品等。产品精细化和场景化要针对不同年龄段和不同兴趣爱好的儿童，推出更加精细、精准、专业的细分化产品，更加注重浸入式感受、寓教于乐的体验以及互动式体验。

如何迎合未来亲子旅游市场发展趋势，笔者提出以下建议。

一是有关部门要根据各地实际及孩童的心理需求，制定具有自身特色的旅游产品标准，并对亲子游产品做好进一步市场细分。例如根据儿童的心理学特点分为学龄前儿童、学龄后儿童，学龄前儿童又可进一步细分为0～1岁、1～3岁、3～6岁。根据年龄段推出不同类型的旅游线路、旅游产品，安排合适的酒店、服务人员、餐厅、景点等。

二是推动途牛、驴妈妈等旅游服务商升级精细化的服务标准，迎合多元化市场，开发更具体验感和互动性的产品。推动完善相关服务设施标准，比如亲子房的硬软装、服务等级划分等出台。

在企业层面，一是要精耕细作，深入调研亲子游市场尤其是学龄前亲子游市场，在产品设计时要考虑到小孩的心理需求，比如有亲子游优势的景区景点，可结合孩子们的天性推出相应的文旅产品。在文化体验方面，推出像故宫文创儿童体验店那样能吸引儿童眼球的文创产品；在植物观赏方面，由专家型服务人员为孩子们普及植物知识，寓教于乐。产品设计还需要前端与后端进行互动，比如通过旅行社把相应的亲子创意传递给景区景点，推动产品升级。

二是要开拓多元化的亲子旅游产品，丰富现有产品体系。要推动亲子旅游与文化、教育、避暑、冰雪等新业态融合发展，在现有房车露营、邮轮旅游、研学旅行等新业态的基础上进行更多创新，进而满足消费者对品质旅游的需求。

资料来源：郭娜. 亲子旅游呈现新特点 产品服务面临再升级[N]. 中国旅游报，2019-03-29（003）.

二、影响旅游消费者行为的内部因素

（一）旅游消费者的感知

旅游消费者的感知（感觉与知觉的合称），对于旅游消费者的出游决策、旅游体验满意度与后续行为有着深远的影响。因此，在设计旅游线路之前，必须深入了解影响旅游消费者感知的因素。感觉和知觉是对外界刺激物进行认知的主观过程，并不是单纯的对外在事物的真实反映，并且感知受多方面因素的影响。要了解旅游消费者感知的结果，必须先了解影响旅游消费者感知的因素。

1. 客观因素

1）感知对象的刺激强度

知觉具有选择性，致使现实世界中的刺激物虽多，但是并不能都被感知到。在旅游过程中，旅游者更是处在一个错综复杂的感知环境中，哪些事物能更容易地凸显出来、成功地被旅游者感知到呢？有关研究显示，旅游刺激物的刺激强度越大时，就越容易引起旅游者的感知。外在事物的刺激强度由两方面决定。

一是事物与背景对比的突出性。事物与所处背景的差异性越大，在大环境中越突出，就越容易被感知到。如果在空旷平坦的草原上出现一栋水泥建筑会非常惹眼，而同样的建筑放在大城市的背景中，就会淹没在楼丛之间。

二是刺激物本身的新奇独特性。像具有世界建筑奇迹之称的中国万里长城、埃及金字塔、巴黎铁塔、比萨斜塔这些著名的旅游景区（点），拥有独特的外观设计和恢宏的气势，不管置于何种背景下都格外引人注意。

2）感知对象出现的频率

感知对象出现的频率也会影响到旅游者对事物的感知，刺激物出现的频率越高，越容易在旅游者头脑中留下印象，形成相应的感知。去过丽江的旅游者大多熟知那里的一种美食——丽江粑粑，事实上这种美食能在旅游者心中留下清晰印象的一个重要原因就是出现频率极高，丽江古城里到处都有"丽江火烤粑粑"的招牌或小摊位，当地导游也在不断向旅游者宣传介绍，自然而然丽江粑粑就在旅游者心中留下了印象。这也是为什么总有那么多的旅游企业在不厌其烦地拍宣传广告、向旅游者发宣传单。

3）感知对象的变化性

山石间倾泻的瀑布、草原上飞奔的马群等，都因为其运动的特性更容易成为旅游者知觉的对象。在相对静止的背景中，运动变化的事物更能引起旅游者的知觉。如王维《山居秋暝》中所书："空山新雨后，天气晚来秋。明月松间照，清泉石上流。竹喧归浣女，莲动下渔舟。随意春芳歇，王孙自可留。"诗中的动态清泉溢流、浣女渔舟之喧哗，在静态的月照松间和秋山晚景之幽静的映衬下让人印象更为深刻。旅游线路设计时，也应注意动静结合。

2. 主观因素

即使在客观条件相同的情况下，不同的个体仍然会产生不同的感知结果。这是因为感知也受到个体主观因素的影响。

1）兴趣

个体对某一事物有较浓厚的兴趣时，会更加积极主动地去了解它，表现出更敏锐的观察力和注意力。因此，在文化遗产旅游地面前，对历史文化感兴趣的旅游者会比其他的旅游者有更强烈的感知。

2）需要和动机

研究表明，知觉在很大程度上受到需要和动机的影响，能够满足个体需要的事物往往更容易成为知觉对象。如旅游者对其宗教的虔诚信仰，使得一些宗教圣地出现了"朝圣游"；旅游者对故土的渴望，出现了"寻根游"；学生对知识的追寻，出现了"修学游"等。

3）情绪

情绪是个体对客观事物的态度的一种反映，对人的心理活动有较大的影响，知觉也不例外。旅游者在情绪高昂时，对游览对象的知觉会更广泛；而情绪低落时，则知觉水平也会随着下降。如诗句所描写的"人面不知何处去，桃花依旧笑春风""是一般风景，两样心情"都是情绪对旅游者的感知影响。

4）其他的个体因素

同样影响着旅游者知觉的个体因素还有旅游者的个性、知识经验、价值观等。所谓"仁者见仁，智者见智"，对在同一旅游线路上的不同旅游者感知同样适用。

（二）旅游消费者的动机

旅游活动作为个体的外部行为，是在旅游者自身旅游动机的支配下产生的。旅游动机是引发、维持个体的旅游行为并将行为导向旅游目标的心理动力，是推动人们进行旅游活动的内在心理动因。旅游动机的产生与社会、经济、文化、生理、心理等多种因素有关。旅游动机的形成需要具备如下基本条件：旅游消费者的需要、旅游消费者对旅游对象的感知、符合消费者需要的旅游对象，以及必要的经济条件和闲暇的时间。

1. 旅游消费者的需要

旅游消费者的需要是旅游动机产生的第一先决条件。20 世纪 50 年代，美国心理学家马斯洛提出著名的需要层次理论。它的两个前提如下。

一是人类行为是由动机引起的，动机起源于人的需要。

二是人的需要是以层次的形式出现的。马斯洛认为，人的价值体系中存在五种基本需要，即生理需要、安全需要、爱的需要、尊重的需要和自我实现的需要。

马斯洛认为上述需要的五个层次是逐个上升的，当较低一级的需要获得相对满足以后，追求高一级的需要就成为继续奋进的动力。在某一个时刻，可能存在好几类需要，但各类需要的强度，并不是均等的。后来，这一理论被广泛地运用到旅游需要的研究中。旅游需要是指人们可以通过旅游行为而获得满足的一些基本需要，尤其是精神性和社会性的需要。

2. 旅游消费者需要对旅游动机的决定作用

1）旅游消费者需要的强弱决定了旅游动机的程度

旅游消费者的需要是产生旅游动机的先决条件。旅游消费者需要的强弱程度决定了旅游动机的强度。在对旅游有迫切需要的情况下，旅游动机才会十分强烈；在旅游需要较为一般的情况下，旅游动机就相对较弱；如果没有旅游需要，旅游动机便无从产生。

例如，在中国，国庆长假是一年中放假时间最长的假期之一，很多人都会提前制订计划，做好攻略，找一个地方去旅游，但是也不难发现很多人宁愿宅在家里看剧，或者是陪家人在当地公园逛逛吃一些美食，也不愿在假期出远门旅游。旅游消费者的需要强度决定了其旅游动机的程度。

2）旅游消费者需要的类型决定了旅游动机的类型

人们的旅游需求，是在享有自由时间下产生的某种物质性或非物质性需要，在各种动机的驱动下，以旅游活动来满足需要。旅游需要来自不同的人群，不同人群的人口学特征决定了旅游需要的指向性。按照性别划分，男性和女性的旅游需要存在一定的差异，这些差异性产生了不同类型的旅游动机。

例如，女性的消费欲望强于男性，旅游态度比较积极，旅游动机更加明确，个体旅游感知高于男性。男性在"求动"心理驱动下，追寻一种身体机能挑战，旅游动机更倾向于体育锻炼、探险、度假等；女性在"逃逸放松"方面的动机更为强烈，在"求静"心理的影响下，女性更在意身心的健康和疗养，同时表现出强烈的购物动机、浪漫动机、文化动机等。

3. 旅游消费者动机的激发

人们为什么会外出旅游？为什么会选择不同的旅游目的地？是什么影响了他们的出游愿望和目的地选择？旅游活动是在旅游消费者自身的旅游动机的支配下产生的。旅游动机的形成需要具备旅游消费者的需要、旅游消费者对旅游对象的感知、符合消费者需要的旅游对象、必要的经济条件和闲暇时间四个基本条件。因此，激发人们的旅游消费动机也可以从以上方面入手（由于经济条件和闲暇时间不易受到改变，因此外部的激发策略主要集中在前三个方面），让潜在的旅游者"想要出行"。

1）基于外部因素的旅游动机激发：资源—产品—服务

自然界和人类社会凡能对旅游者产生吸引力，可以为旅游业开发利用，并可产生经济效益、社会效益和环境效益的各种事物现象和因素，均称为旅游资源。但是，旅游资源毕竟不能直接成为旅游者消费的对象，在成为旅游市场上旅游者直接消费的对象前，旅游资源需要转换成旅游产品。

在这个转换过程中，至为关键的是要根据潜在客源市场和现实客源市场上旅游消费者的需要、需求来设计有市场号召力的旅游产品，需要不断强化旅游产品在潜在旅游者和现实旅游者中的市场感知。这就是旅游市场研究中广为运用的"资源—市场—产品"分析模式（resource，market，product，RMP）。

在后续的旅游产品营销推广中，面对日趋激烈的旅游市场竞争，旅游产品还亟须通过具有地域特色且旅游者满意度高的服务来增加其附加值，强化旅游产品（旅游目的地）

属性和功能与旅游者需求与需要有效匹配,从而最终实现基于外部条件的旅游动机的激发。总之,这样的一条从外部因素来实现旅游动机激发的路径,可以被归纳为"资源—产品—服务"路径。

基于 RMP 分析的伊犁河谷赏花旅游线路产品开发

2)基于内部因素的旅游动机激发:2W-2H

如前文所述,旅游消费者的需要是产生旅游动机的先决条件。旅游消费者需要的强弱程度决定了旅游动机的强度。旅游需要来自不同的人群,不同人群的人口学特征决定了旅游需要的指向性。因此,除了从外部因素激发旅游消费者的动机外,还可以从内部因素(旅游消费者的个人因素,例如性别、年龄、国籍、职业、受教育程度、家庭结构和收入、健康状况等人口学特征,以及个性特征、态度、情感、价值观等心理因素)的角度来激发旅游消费者的出游动机。

具体而言,基于内部因素的旅游动机激发可以归纳为"2W-2H"模式,即"去哪玩"(Where to play,关于旅游目的地、旅游产品选择)、"玩什么"(What to play,关于旅游活动、旅游项目选择)、"怎么去"(How to plan,关于旅游信息查找、旅游线路安排)和"怎么玩"(How to play,关于在目的地的实地消费)。这几个问题包括了旅游活动的所有环节,要激发旅游消费者的动机,就必须从这几个方面入手。

(三)旅游消费者的情绪情感

旅游消费者的情绪情感是旅游消费者在旅游全过程中对客观世界的一种特殊的反应形式,是旅游消费者对客观事物是否符合自己需要的主观体验。

1. 旅游消费者的情绪体验

人类的基本情绪可以分为喜、怒、哀、惧。旅游者在整个旅途中能全面体验到这些基本情绪。其中,以欢乐、愉悦体验为主,但如果遇到一些紧急情况或参观一些特殊旅游吸引物,旅游者也可能体验到愤怒、悲哀和恐惧的情绪。

举例来说,参观黑色旅游吸引物时,如汶川地震遗址、南京大屠杀遇难同胞纪念馆等,旅游者就能体会到那种悲哀、恐惧以及愤怒。美国杜克大学的米哈里·契克森米哈里教授提出的"福乐"(flow)概念(也译为"畅爽""心流体验"等)有助于我们描述和理解旅游者的情绪体验。结合这一理论,旅游消费者的情绪体验可以分为如下几种。

1)快乐体验

快乐体验是在旅游者盼望的目的达到之后、紧张感解除时的一种情绪体验。旅游者的快乐程度取决于他们愿望的满足程度(动机与期待的实现程度)。旅游者快乐的强度,可以从满意开始,到愉快、到欢乐、到狂喜。

2)愤怒体验

愤怒体验是旅游者体验到的一种消极情绪,往往是因为旅游产品或服务出现缺陷。例如,旅游者可能因为行程的变化而对导游产生愤怒,对旅游景区(点)的怨恨也可能使旅游者的紧张积累起来而产生愤怒的情绪体验。对于同样的旅游产品或服务缺陷，不同的旅游者因为认知和归因方式的差异而表现出不同的情绪状态或程度有异的愤怒体验。

一般而言，当旅游者把旅游产品或服务的缺陷归因于可控的内部因素时，容易体验到异常愤怒。并且，旅游者的愤怒常常会导致其攻击行为的出现。例如，一些旅游者故意破坏房间的设施或用言语挑衅旅游服务人员来发泄自己的不满，后者在机场更容易见到。旅游者愤怒的强度可以从轻微的不满，到生气、愠怒、激愤、大怒以至暴怒。

3）悲哀体验

悲哀体验是人失去自己心爱的人或事物，或者自己的愿望破灭的时候产生的一种消极的情绪体验。一般而言，旅游者会极力避免旅游体验过程中的悲哀体验，但某些特殊的旅游吸引物（黑色旅游）、旅游活动也可能让部分的旅游者体验到悲哀。

4）恐惧体验

恐惧体验是个体企图摆脱、逃避某种危险情境而又苦于无能为力时产生的情绪体验。恐惧体验产生的主要原因是缺乏处理可怕情境的能力或对付危险事物的手段。一般而言，旅游者在旅游体验过程中，很少会体验到恐惧的情绪。旅游线路设计也应该避免旅游者体验到恐惧的情绪。

5）福乐体验

福乐体验（畅爽体验、高峰体验）就是指能对个体就某一活动或事物表现出浓厚的兴趣，并能推动人们完全投入某项活动或事务的一种情绪体验。这一概念由米哈里·契克森米哈里教授提出。他所指的福乐体验是一种包含愉快、兴趣等多种情绪成分的综合情绪。而且，这种情绪体验是由活动本身而不是任何外在其他目的引起的。

2. 旅游消费者情绪情感的激发与调控

1）旅游消费者积极情绪情感的激发

旅游者在外出旅游前和旅游过程中总是带着某种希望。有些旅游者希望在旅游中获得日常生活中所缺少的新鲜感、亲切感和自豪感，也有旅游者希望在旅游体验中摆脱日常生活中的精神紧张，也有旅游者希望旅游后自己的生活能发生些许变化。当然，这些希望是可以同时出现在单个旅游者身上的，因为旅游者总是对外出旅游充满了期待。因此，在旅游线路设计时，在旅游者进行旅游体验的前、中、后三个阶段，都应该想方设法激发旅游者积极的情绪体验。

2）旅游消费者消极情绪情感的调控

大部分的旅游者外出旅游是为了放松身心、追求一种愉悦体验。因此，调控旅游者的消极情绪就显得非常必要。旅游从业人员要多花时间和精力去关心与了解旅游者的情绪状态，特别是对那些群体内的意见传播者要尤其关注，因为他们在很大程度上能决定所有旅游者的消极情绪的发生和发展。

心理学研究表明，尽管事实和感情是两种不同性质的内容，感情代替不了事实，尽管有些事情不真实，但旅游者在旅游的过程中更容易被他人的消极情绪所感染。一般说来，情绪不好，但积极性高的旅游者心理状态最危险，不要对其过分殷勤，也不要引导其多消费，以避免冲突为最佳选择；情绪不好，积极性也不高的旅游者管理难度最大，应首先调动其情绪，然后再调动其积极性。

（四）旅游消费者的态度

旅游消费者的态度是指旅游消费者在了解、接触、享受旅游产品和旅游服务的过程中，对旅游体验本身、旅游产品和旅游服务、旅游企业以及旅游目的地较为稳定和持久的心理反应与倾向。个体的态度与其行为有着相一致的关系，可以通过旅游消费者的态度去预测他们的购买行为，或者是从其行为中去推测旅游消费者的态度。但是，态度只是一种行为的倾向，并不意味着必然导致某种行为的产生。

每年不管是五一小长假还是国庆"黄金周"，"人山人海"的景区和"车山车海"的道路让出行变成了受罪，旅游成为负担。2017年携程旅游在2.5亿会员中，随机调查了来自国内20多个省区市的2 000多位用户，通过大数据分析后发布的《2017中国旅游者意愿调查报告》显示，有意选择利用平时年假和周末出游的人分别占52.7%和19%，愿意利用黄金周出游的人仅占10.8%，但从携程跟团游、自由行产品预订情况看，小长假和黄金周的报名人数却是平时的2～3倍。这一现象很有力地说明了，行为与态度之间是存在着重要的差异性的。了解旅游消费者的态度对旅游线路设计有着重要的意义。

其一，旅游线路设计者可以通过掌握旅游消费者态度的形成及改变过程，以及影响旅游消费者态度的因素，采取合适的措施，为自己的旅游线路产品赢得一个正面、积极的旅游消费者态度。

其二，旅游线路设计者了解旅游消费者态度与行为的关系，通过旅游消费者的态度来预测旅游消费者的行为决策。

1. 旅游消费者态度——行为关系的影响因素

事实上，不少研究表明，消费者的态度与其行为之间的关系受到不少因素的影响。以下是比较突出的几个因素。

1）态度的强度

越强烈的态度对行为的决定性作用越大。一个有着强烈的环境保护态度的生态旅游者要比一般的旅游者，在旅游过程更容易表现出环境保护行为。如果要增强一般旅游者的环保态度，可以向其提供态度对象的信息，比如环境的脆弱程度、生态保护的急迫性等信息；还可以提供情境参与，让旅游者切身地参与到旅游的环保活动中。

2）态度的特殊性水平

通过态度预测行为，要弄清楚态度指向的是一般群体还是特殊个体。比如，如果想通过了解国外旅游者对中国酒店的态度来预测其行为，那么了解这些旅游者对一个个特定酒店品牌的态度比笼统地了解对中国酒店整体态度，对行为的预测要准确些。

3）态度的可接近性

态度从记忆中提取的容易程度就是态度的可接近性。一般来说，态度越容易被我们意识到，其可接近性越高，对行为的影响越大。比如，对于学习人文历史的旅游者而言，文化保护、历史传承的态度会因为在学习中经常接触，而更容易理解。因此，这类旅游者在旅游中会表现出更多对当地文化的关注以及保护。

4）时间跨度

态度的表达与行为呈现之间的时间跨度越大，态度与行为之间的相关性就会越弱。研究表明，个体的态度会随着时间推进而淡化，或者是在外界环境的变迁中而改变。如果要了解中国旅游者对西方购物旅游的态度，三年前的研究数据自然远不如三个月前的来得准确。因此，定期性地对消费者态度进行调查研究是相关企业部门预测消费者行为的重要途径。

5）自主意识

内在自我意识高的人较为关注自身的行为标准，追求外在行为与内心意识的一致，用其态度预测行为会有较高的效度；而公众自我意识高的人比较关注外在的行为标准，面临较大的情境压力，会根据不同情境中公众的期望去选择不同行为，用其态度去预测行为较难。这种自主意识在跨文化交往活动中表现得十分突出，以往的研究也指出，受到社会价值体系的影响，相比于西方的高内在自我意识，东方人有更高的公众自我意识。

2. 改变旅游消费者态度的策略

1）更新旅游产品与服务、提升旅游产品与服务质量

改变旅游消费者态度的认知成分，可以从改变旅游消费者的感知以及激发旅游消费者的动机出发。例如，为改变、强化旅游消费者的感知，可以采取品牌更新策略（品牌策略）和旅游广告策略（沟通与促销策略）。更进一步，根据市场营销学的基本策略，为了改变旅游消费者态度的认知成分，旅游设计者必须更新旅游线路产品内容、提升旅游线路服务质量。

在旅游产品与服务质量提升中，质量管理是重中之重。当然，在旅游产品与服务的更新、旅游产品与服务质量的提升工作进行中或完成之后，需要借助价格策略、分销策略、沟通与促销策略等，将这些信息传达至潜在和现实的旅游消费者。

2）采取灵活的价格策略

价格是市场营销组合因素中十分敏感又难以控制的因素。想要改变旅游消费者态度的认知成分，旅游线路必须采取灵活的价格策略。主要的策略有以下几点。

（1）折扣与折让定价策略。例如，针对淡旺季采取不同的产品价格或服务价格，针对家庭、团队等不同的旅游者组合采取不同的产品价格或服务价格。这些定价策略，都能够强化潜在的、现实的旅游消费者对旅游线路产品的认知，从而可能改变他们的态度。

（2）地区定价策略。例如，针对旅游景区（点）所在地旅游者和外地旅游者、针对本国居民和外国居民，采取不一样的门票价格。

（3）心理定价策略。此策略主要利用消费者求声望、求廉价、求划算的心理。在旅

游营销的定价活动中，目前较流行的有在线旅行商（例如，携程、途牛、同程等）的超低价格方案，例如，"全家总动员 溜娃特惠季"的"全家出游 5 折起"等。

3）提升旅游消费者的活动参与度

从心理学的角度来看，个体所从事的社会活动的性质能决定个体的态度，也能改变个体的态度。因此，通过有意识地引导旅游消费者参加旅游活动，可以有力地促使旅游消费者对旅游产生积极的态度。其中，体验营销是提升旅游消费者的活动参与度的有效营销策略。在旅游消费者行为研究以及旅游营销实践中，体验营销的主要手段就是提升旅游消费者对旅游活动的参与度以及满意度。

例如，近年来在海南许多滨海旅游度假区兴起的海上/海洋运动项目，就是很好的案例。潜水、香蕉船、摩托艇、半潜观光船、拖伞、帆船等项目都是不错的运动项目，能够丰富旅游消费者的体验。这些体验项目的参与，能够给旅游消费者留下深刻的印象，从而不断地影响自身的认知、情感和行为倾向，也能通过口碑推荐影响其他人的认知。

三、影响旅游消费者行为的外部因素

（一）社会环境因素

1. 参照群体

社会心理学认为，群体是指那些成员间互相依赖、彼此间存在互动的集合体。在群体中，人们常常以一定的社会阶级的纽带相联结，以共同的文化相联系。群体具备的基本特征有以下几点。①群体成员需以一定纽带联系起来。例如，以血缘为纽带组成氏族和家庭，以地缘为纽带组成邻里群体。②成员之间有共同目标，并保持持续的相互交往。③群体成员之间有共同的群体意识和规范。

1942 年，美国社会学家海曼（H. Hyman）提出了参照群体这一概念，用以描述个人心目中想要加入或理想中的群体。人们通过与参照群体的对比确定自己的地位，并把参照群体的价值和规范体系视为个人的目标或标准。因此，严格来说，参照群体是（旅游）消费者在某种特定情境下，作为行为标准和指南并加以模仿的群体。换言之，参照群体实际上是个体在形成购买或消费决策时，用以作为参照、比较的个人或群体。参照群体在信息、功利和价值表达这三个方面对旅游消费者的行为产生影响。

1）在信息方面影响旅游消费者

在信息方面影响消费者是指参照群体成员的行为、观念、意见被个体作为有用的信息予以参考和仿效。当消费者对所购产品缺乏了解，凭眼看手摸又难以对产品品质作出判断时，别人的使用和推荐将被视为非常有用的证据。

在旅游消费者的决策中，他们通常会通过各种渠道向他人（旅游专家、在线论坛评论员、旅游企业员工、亲朋好友等）咨询关于旅游目的地和旅游企业的信息。参照群体在信息方面对个体旅游消费者的影响，取决于被影响者与群体成员的相似性，以及施加影响的群体成员的专长性。

2）在功利方面影响旅游消费者

参照群体在功利方面对旅游消费者的影响，实际上也通常理解为在规范方面对旅游消费者的影响。所谓规范，就是在一定社会背景下，群体对其所属成员行为的合理期待，它是群体为其成员确定的行为标准。规范往往与一定的奖励和惩罚关联。

为了获得参照群体的赞赏或避免惩罚，个体消费者会按参照群体的期望行事。在旅游消费者行为领域，参加旅行团的旅游者通常都会自我约束，在旅途中增强时间意识，以免耽误整个团队的行程。

3）在价值表达方面影响旅游消费者

在价值表达方面影响旅游消费者，是指个体自觉遵循或内化参照群体所具有的信念和价值观，从而在行为上与之保持一致。例如，某位旅游消费者是环保主义者，那么他在选择旅游线路产品时，可能就会优先考虑低碳旅游线路和环保旅游线路。此时，这位旅游者是在价值表达方面受到参照群体的影响。

2. 社会阶层

社会阶层是指全体社会成员按照一定的等级标准划分为在地位上彼此相互区别的社会集团。因此，不同的社会阶层必然在职业、收入、教育水平、权力和声望等方面存在差异。毫无疑问，这些标准也是影响旅游消费者行为的重要因素。因此，不同社会阶层者的旅游消费行为有着不同的特征，具体如下。

1）上等阶层、上中等阶层群体的旅游消费行为特征

高阶层（上等阶层、上中等阶层）是社会上最富有、最有权力、最具声望的阶层。因而，他们的旅游消费结构中，享受服务占据有很大的比重，他们更多地追求高品位、维持高品质。

2）中等阶层群体的旅游消费行为特征

中等阶层是各自事业上的成功者。他们旅游消费活动指向是社会接受性。他们对自己的形象倍加关注，重视"体验"。

3）低阶层群体的旅游消费行为特征

低阶层（中下等阶层、下等阶层）是普通劳动者，他们虽然在经济上并不富有，但是大部分的人热爱生活。他们一旦外出旅游，常常表现出一种立即获得和立即满足。例如，近年来日渐受到关注的农民旅游，就体现出较低阶层民众旅游消费的上述特点。

3. 社会交往

社会交往对于人类来说如同布帛菽粟，不可或缺。在现代社会中，旅游成为一种十分重要的交往方式。所谓社会交往，是一种暂时性的个人之间的非正式平行交往，是人类社会重要的一种交往方式。旅游消费者的社会交往，在时间上起始于体验过程的开始，终止于体验过程的结束。

在旅游消费者的社会交往期间，由于交往对象一般是脱离了原社会系统职能约束的平等的旅伴（其他旅游者）、旅游目的地居民或旅游业的从业人员，所以彼此的沟通多

为平行的方式，并以感情上的沟通或物品交易为主要内容。

1）旅游消费者社会交往的特点

旅游者的社会交往具有异于日常交往的三个特点。

（1）超越功利性。日常生活交往或多或少地带有一些功利的目的，旅游者的社会交往则是出于情感的需要而发生的，鲜有功利目的。

（2）交往关系的单一性。旅游者的社会交往本质上只有两种。

①买卖关系的交往。买卖双方的地位并不平等，是一种服务与被服务的关系，而且经常导致二者的不和与冲突，是导致消极体验的主要人际互动形式。

②旅游者角色之间的交往。这是一种主体处于平等地位的交往关系，交往的发生、发展几乎完全依照交往主体的意愿来决定，因此这种交往主要带来积极的情感体验。

③交往的暂时性。旅游交往只发生在旅游过程中，随旅游活动结束而结束。

旅游者的社会交往的上述特点，是理解旅游者的社会交往的关键，同时也是指导预测旅游者行为的主要依据。

2）旅游体验中主客交往的行为

（1）交往行为特征。从形式上看，旅游消费者的社会交往具有双向性和互动性的基本特征。在旅游消费者的社会交往期间，由于对象一般是脱离了原社会系统职能约束的平等的旅伴、交易者，所以彼此的沟通多为平行的方式，并以感情上的沟通或物品交易为主要内容，当然也就没有组织规范的严格约束。从东道主的角度可以归纳出主客交往存在四个方面的特征。

①主客之间的关系是短暂的。客人在接待地停留时间很短，任何主客之间的交往都只能是偶然的和表面的。

②主客交往存在着时间上和空间上的限制。客人的到来通常都有季节性，而且一般不会再来。

③随着大众旅游的发展，旅游消费者个人缺乏与当地主人会面的自发性。通过包价旅游，大部分与居民的接触是事先安排好的，甚至一些聚会也是事前计划好的，这种聚会是旅游活动的组成部分，且常常成为一种商业性的安排。

④主客之间的接触通常是一种不对称和不平衡的过程。在与外来旅游者接触时，与旅游消费者们的阔绰富裕相比，当地人显得寒酸。

再则，旅游消费者是在度假休息，享受新奇的经历，对当地居民来说，这种活动和接触、会见已经成为他们的日常工作，因此容易缺乏兴趣。但随着深度旅游的发展，旅游体验中的主客交往特征也会发生一些变化。

（2）良好交往的条件。有效的交际是指能达到愉悦而有益效果的交往。"交往能力"和"有效交际"是密切相关的两个概念，"交往能力"是"有效交际"的前提或保证，"有效的交际"则是在"交往能力"的基础上才能达到。要达到一种良好的社会交往效果，参与者必须达到四个条件。

①参与者具有平等地位。

②交往发生于多数群体的成员与少数群体中具有较高地位的成员之间。

③接触双方是自愿的。

④在合作、亲密的关系下追求共同目标，并有一定制度保障。

也就是说，良好的主客交往应当是在互动、有利的社会氛围下，在合作而不是竞争的背景下，交往双方地位基本相同，而且有着相同的哲学观点，才能实现。交往参与者享有高度的共同活动、兴趣和目标，才会产生亲密、深入而不是随意、表面的交往效果。国外有许多学者通过实证研究证实上述四个条件对一次良好的社会交往过程缺一不可。

4. 家庭

家庭是指以婚姻关系、血缘关系和收养关系为纽带而结成的有共同生活活动的群体。

1）家庭的类型

家庭可以分为四个类型，这些不同的类型意味着不同的消费模式。

（1）核心家庭，即由一对夫妇（含一方去世或离婚）与他们的未成年子女组成的家庭（丈夫、妻子和子女），以及只由夫妇两人构成的家庭（丈夫和妻子）。

（2）主干家庭，指至少由两代人组成，而且每代只有一对夫妇（含一方去世或离婚）的家庭（祖父母或外祖父母、丈夫、妻子和子女）。

（3）联合家庭，指由父母（含一方去世或离婚）与多对已婚子女组成的家庭，或兄弟姊妹婚后仍不分家的家庭。

（4）其他类型的家庭，指上面三种类型以外的家庭，如由未婚兄弟姊妹组成的家庭。

在不同的文化背景下，甚至同一文化背景下的不同地区，占支配地位的家庭形式是有差别的。例如，在美国，核心家庭比较多见，而在宗族色彩比较浓的国家如泰国，则以主干家庭居多。在我国，由于计划生育政策的推行，我国是世界上独生子女最多的国家。在城市里核心家庭的比重正日益增加，但是在农村则仍以祖父母、父母及其子女三代同堂的主干家庭为主。

2）家庭成员在旅游消费过程中的角色

总体而言，家庭成员在旅游消费过程中扮演以下几种角色。需要指出的是，任何一个家庭成员可能担任其中1～5种角色。

（1）倡议者，是指提出旅游或购买旅游产品的建议，使其他家庭成员对此产生购买兴趣的家庭成员。倡议者主要出现在家庭旅游动机的激发阶段。

（2）影响者，是指为购买提供评价标准以及哪些产品或品牌适合这些标准之类的信息，从而影响旅游目的地和旅游方式选择的家庭成员。影响者主要出现在家庭旅游信息收集与方案比选阶段。

（3）决策者，是指有权决定是否旅游、去哪里旅游、何时旅游以及购买什么旅游产品的家庭成员。决策者主要出现在家庭旅游决策阶段。

（4）购买者，是指实际进行购买的家庭成员。购买者主要出现在家庭旅游的实际购买和消费阶段（因为旅游产品体验的异地性，也包括线上、线下的预订购买）。

（5）使用者，是指在家庭中实际消费或使用由他们自己或其他家庭成员所购产品的家庭成员。

扩展阅读

做大亲子游需细分市场需求

（二）文化因素

广义的文化是人类在社会历史发展过程中所创造的物质财富和精神财富的总和，包括物质文化、制度文化和精神文化三个方面。物质文化是指人类创造的种种物质文明，包括交通工具、服饰、日常用品等，是一种可见的显性文化。制度文化包括生活制度、家庭制度、社会制度等。精神文化则包括人们的社会心理、宗教信仰、价值取向、伦理观念、思维方式和审美情趣等。

狭义的文化是指人们普遍的社会习惯，如衣食住行、风俗习惯、生活方式、行为规范等。文化是一个内涵非常丰富、包罗万象的概念。不同的社会群体处于不一样的文化环境中，因此他们的旅游消费行为也非常多元化。文化对旅游消费者行为的影响主要包括以下几方面。

1. 文化影响旅游消费者的感知

最直观的案例是中外旅游者对黄山奇石的知觉。中国旅游者要比西方旅游者更容易将这些自然的石头知觉成具有浓厚的东方人文主义色彩的形象。

2. 文化影响旅游消费者的动机

旅游动机的产生在很大程度上是受一个人的文化素质或教育程度支配的。不同国度、不同民族、不同文化环境的旅游者，其旅游动机都不可避免地受到其文化气质和风格的支配，其精神需求各不相同。例如，久居国外的侨胞常常怀着寻根认祖的目的，回到祖先生活过的地方，亲身体验故乡的风土人情，一解相思愁绪。大批海外侨胞回国探亲和美国人前往英国旅游等都属于这一范畴。

3. 文化影响旅游消费者的情绪情感

文化禁忌影响旅游消费者的情绪与情感。例如，"13""星期五"是西方人非常忌讳的数字和日子。因此，如果旅游线路设计安排触犯到这些文化禁忌，则会影响他们的情感。

4. 文化影响旅游消费者的态度

态度是包含认知、情感和行为倾向三个成分的心理倾向。2019 年旅行晴雨表（Trip Barometer）暨全球旅行者调研结果发布，调查显示，全球游客在选择旅行目的地时，34%的受访者选择某个目的地是为了体验当地人文风情。对于中国旅行者来说，选择目的地时，文化因素占 46%，占据主要地位，其次为是否适合家庭出行，为 28%。

5. 文化影响旅游消费者的其他行为

文化还会影响旅游消费者的购买决策、体验、满意度和忠诚度等。

（三）经济因素

一般而言，经济状况是指个人、家庭劳动所得报酬或其他经济收入和生活消费支出情况。经济状况通常分为六类：极度贫穷、贫穷、温饱、小康、富有、极度富有。经济状况是了解并解释消费者行为的重要视角。经济状况影响消费者行为的方方面面，从消费意识的出现一直到购后行为的发生。众多研究表明，不同经济状况的旅游消费者，其行为会存在差异。下文仅以动机和感知为例进行阐述。

1. 不同经济状况的旅游消费者的动机差异

出游动机会因个人及家庭的经济状况（尤其是可支配收入状况）而出现显著的差异。这一方面的研究已经积累了不少成果。例如，对中国背包客动机的研究表明，"社会交往型"背包客中，收入水平在"每月 1 500 元以下"的背包客所占比重更大（Chen, Bao and Huang, 2014）。也就是说，月收入在"1 500 元以下"的背包客，更可能是"社会交往型"背包客（社会交往是他们的主导动机）。

再例如，金在鹤和里奇（Kim and Ritchie, 2012）的研究发现，在"高尔夫密集型旅游者"中，高尔夫旅行支出在"5 000 001 韩元以上"以及"4 000 001～5 000 000 韩元"的高尔夫旅游者所占比重更大。也就是说，高尔夫旅行支出在"5 000 001 韩元以上"或"4 000 001～5 000 000 韩元"的旅游者，更可能是"高尔夫密集型旅游者"（他们的主导动机是追求经济价值、学习和挑战）。

2. 不同经济状况的旅游消费者的感知差异

相比较而言，国内外旅游学界对不同经济状况旅游消费者的感知差异的研究并不多见。近年来，对于旅游消费者对目的地形象感知的部分研究关注了这一领域。例如，刘欢（2014）对沈阳旅游城市形象的研究发现，工资为"2 000 元及以下"的受访者的知识积累不够完善，对文化符号的理解程度较为有限，因此在文化符号的感知方面明显低于高收入者。

赵然、吕海平和马瑞（2010）的研究发现，月收入在 5 000 元以上的旅游者相对更关注旅游目的地旅游个性形象、旅游目的地口碑好感度、休闲设施完善度、旅游地环境的舒适度、休闲资源丰厚度、周边地区休闲氛围等因素。

然而，虽然有研究证实了不同收入状况的旅游消费者对目的地旅游形象感知的差异，但收入状况如何影响旅游者的形象感知，却鲜有研究讨论。

四、旅游消费者购买决策过程

（一）旅游消费者购买决策的概念

决策是为了实现特定的目标，根据客观的可能性，在占有一定信息和经验的基础上，借助一定的工具、技巧和方法，在对影响目标实现的各种因素进行分析、计算、判断和选优之后，对未来行动作出决定。以此类推，在消费者行为领域，所谓购买决策，是指消费者谨慎地评价某一产品、品牌或服务的属性并进行选择、购买能满足某一特定需要的产品的过程。

旅游消费者选定一个特定的旅游目的地、选定所要参访的景区（点）、选定要入住的酒店和就餐的餐馆等，都是旅游消费者的购买决策。所谓旅游消费者购买决策，是指个人根据自己的旅游目的，收集和加工相关的旅游信息，提出并选定具体的旅游方案或出游计划，并最终把这些方案或计划付诸实施的过程（邱扶东和吴明证，2004）。由上可知，旅游消费者的购买决策是消费者购买决策在旅游消费领域的具体化。旅游消费者的购买决策的核心，就是决定是否购买某种旅游产品、选择购买何种旅游产品。因此，旅游消费者购买决策等同于旅游产品的购买决策。

（二）旅游消费者的购买决策过程

旅游消费者的购买决策过程，可以分为三个基本阶段。必须指出的是这三个阶段，尤其是前两个阶段，有时候是可逆的，甚至是重复、迂回的。

1. 旅游需要的产生与动机的激发

旅游需要是指人们可以通过旅游行为而获得满足的一些基本需要，尤其是精神性和社会性的需要。因此，在很多情况下，个人会产生旅游需要。例如，很多"上班族"在劳累一周之后，可能特别渴望实现放松、交际、逃离等。这一阶段，称为旅游需要的产生阶段。旅游动机是引发、维持个体的旅游行为并将行为导向旅游目标的心理动力。

旅游动机是推动人们进行旅游活动的内在心理动因。因此，旅游需求仅是旅游消费者动机激发的前提条件之一。其他的条件，还包括旅游消费者对旅游吸引物的感知、符合消费者需要的旅游吸引物、必要的经济条件和闲暇时间。

2. 信息的收集与方案的比选

在满足了上述条件之后，个体有了"出游"的持续动力。接下来，个人会展开资料的收集工作。当然，个体的信息收集渠道是多元化的，尤其是在如今的信息社会。例如，"微博""微信"等新兴媒体，以及旅游目的地和企业的网站、旅行指南，旅行社、亲朋好友推荐等。个体的信息收集也是他们进行资料整理与消化、加工的过程。在完成信息的收集之后，一般而言，潜在的旅游消费者会形成关于出游的、可比的方案。

例如，在北京工作的某人在有了周末造访周边乡村旅游地的动机之后，他/她会通过各种渠道收集各种信息，然后形成可供选择的方案或计划。接下来，他/她需要进行方案的比较和选定。这一过程涉及诸多影响因素，也是旅游消费者购买决策过程中最为核心的环节。首先需要确定的是出游的目的地（旅游消费者对旅游目的地的选择），也就是"去哪儿"，然后再比选各种出游的线路，包括住宿方案、餐饮方案、购物计划、娱乐安排等。

3. 方案的实施与游后评价

具体的方案敲定之后，潜在的旅游消费者变为实际的旅游消费者，还需要进行的关键步骤是方案的实施，亦即旅游产品的购买和消费。这里的购买，既包括在线购买、预订，也包括实地购买。

当旅游者完成方案的实施后，他们会对整个消费过程进行回顾和评价，基本的结果就是对旅游产品是否满意。如果对旅途经历满意度高，那么他们向亲朋好友或在线向其他目标群体推荐的意愿就会相对更高，且更有可能渴望"故地重游"；相反，如果他们对旅途经历不是很满意，则他们更可能向亲朋好友抱怨、在论坛上"吐槽"抱怨，更可能"再也不想去某地"。因此，游后评价也是旅游消费者购买决策过程中极为重要的环节。

（三）旅游消费者购买决策的特点

从上文所述旅游消费者购买决策的过程及阶段可知，旅游消费者的购买决策是一个非常复杂的过程。有时候，旅游消费者购买决策的完成，是非常仓促、感性的，如最近流行的所谓"说走就走的旅行"。因此，非常有必要了解旅游消费者购买决策的特点（白凯，2013）。

1. 复杂性

对于常规的旅游者而言，购买决策实际上是一个包含了上述三个基本阶段的过程。不到购后评价结束，旅游消费者购买决策的过程就不算真正完成。上述阶段中任何一个环节出错，都可能导致购买决策的提前终止。例如，在家庭集体出游的购买决策中，如果夫妻双方或掌握决策权的家庭人员之间对最终方案有不同意见且难以协调的话，可能整个家庭出游计划要泡汤。

2. 偶发性

与复杂性一脉相承的是，旅游消费者的购买决策实际上并不一定是连续的。这是由于旅游产品以及旅游消费本身的异地性造成的。"计划赶不上变化快"，旅游者在实施既定的方案时，可能会出现难以避免的情况，使得难以严格执行之前的方案，而不得不作出动态的调整。动态调整的过程，可能又是一场小小的决策过程。此外，旅游者在目的地的体验和消费，容易受到诸多外部因素的干扰，从而影响体验质量和满意度，也会进而影响他们的忠诚度。

（四）旅游消费者购买决策的影响因素

根据上述的旅游消费者购买决策的过程及特点可以发现，旅游消费者的购买决策过程受到许多内外部因素的影响。总结起来，主要有以下六个方面。

1. 旅游吸引物与服务因素

旅游吸引物主要包括目的地的旅游吸引物类型、吸引力大小、与出游动机的匹配程度等。服务因素，不仅包括吃、住、行、游、购、娱等传统要素方面的旅游服务，还涉及信息咨询、安全等方面的服务和保障。

2. 社会支持因素

个人的心理和行为受社会环境的规范和制约。社会对旅游消费的宣传、倡导，并提供便利，无疑会促进旅游时尚与消费氛围的形成。同时，社会支持已经使旅游成为现代人生活方式的重要组成部分。有机会、有条件而不去旅游的人不仅会感受到外在的社会与舆论压力，而且会感受到内在的心理冲突。

3. 个人心理因素

人的行为是个人特征与环境互相作用的产物。个人心理因素会影响他们对旅游环境的认识和评价，以及持有什么样的旅游态度与购买决策标准，从而影响他们的旅游购买决策。

4. 群体支持因素

个人的心理和行为既受所属群体的影响，又受参照群体的影响。因此，家人、朋友或同事的建议都会影响个人的旅游购买决策。在旅游活动中，很多情况下参照群体比所属群体拥有更大的影响力。

5. 个人社会经济因素

日常生活的压力、金钱、名利、时间等因素都是现代旅游的基本约束条件。对于现代人来说，在拥有金钱和时间的前提下，想要解除日常生活的压力、寻求放松与逃避、实现自我发展、追求家庭欢乐，最佳的途径就是外出旅游。

案例讨论

6. 其他因素

其他影响购买决策的因素包括亲朋好友的旅游推荐、在线评论、旅游广告宣传、旅游目的地距离（感知距离与实际距离）等。

"80后"群体旅游动机及市场细分

第二节　旅游市场调查与分析

一、旅游市场调查的内涵

（一）旅游市场

旅游市场通常是指旅游需求市场或旅游客源市场，即某一特定旅游产品的经常购买者和潜在购买者。从经济学角度讲，它是旅游产品供求双方交换关系的总和；从地理学角度讲，它是旅游市场旅游经济活动的中心。旅游市场属一般商品市场范畴，具有商品市场的基本特征，包括旅游供给的场所（即旅游目的地）和旅游消费者（即旅游者），以及旅游经营者与消费者间的经济关系。

旅游市场与一般商品市场的区别在于它所出售的不是具体的物质产品，而是以劳务为特征的包价路线。同时，旅游供给与消费过程同步进行，具有很强的季节性。

（二）旅游市场调查

旅游市场调查指运用科学的方法和手段，系统地、有目的地对旅游市场的旅游者数量和结构、地理和季节性分布、旅游方式、旅游目的、旅游偏好、停留时间、消费水平等各种与旅游市场需求相关的信息资料进行收集、记录、整理、分析、总结，并预测客源市场未来的总量、结构和水平的活动。

二、旅游市场调查的类型

划分旅游市场调查的类型有助于选择最好的调查途径。一般情况可以按照调查目的、调查对象和调查时间对旅游市场调查类型进行划分。

（一）按调查目的分类

1. 探测性调查

不能肯定问题性质时，可用探测性调查。这种调查特别有助于把大而模糊的问题转化为小而准确的子问题，并识别出需要进一步调研的信息。如对旅游市场上发生的某种原因不明或趋势不明的问题，为了找出其症结，并明确进一步深入调查的具体内容和重点而进行的非正式初步调查。

2. 描述性调查

描述性调查通常是指对需要调查研究的客观事实资料进行收集、记录及分析的正式调查，可以描述不同旅游消费群体在需要、态度、行为等方面的差异。其描述结果，尽管不能对"为什么"给出回答，但对解决营销问题有助益。

3. 因果性调查

需要对问题严格定义时可使用因果性调查，它是指为了弄清有关市场变量之间的关系而进行的专题调查，目的是识别变量之间的因果关系。例如，关于旅游线路的预期价格、广告营销费用等对旅游线路销售额影响的调查。

（二）按调查对象分类

1. 全面调查

全面调查也叫详查，是指对调查对象的所有单元全部进行调查。通过这种调查方法能够全面了解市场的状况。但是全面调查费时、费力，在调查对象非常多的情况下，这种方法不适用。

2. 非全面调查

非全面调查也叫概查，是指对调查对象的一部分单元所进行的调查，但所调查的单元应具有代表性。

（三）按调查时间的连续性分类

1. 经常性调查

经常性调查是指随着时间的发展变化而连续不断地进行的调查，通过这种调查所获取的资料和数据记录，对于周期发生和长时间序列的趋势预测具有重要作用。

2. 阶段性调查

阶段性调查是指不以时间长短为转移，而以事物发展阶段为依据的调查，以大体了解调查对象发展变化的情况。

3. 一次性调查

一次性调查是指为了某一特定目的而组织的定期或不定期的调查。

三、旅游市场调查方法

（一）定性调查方法

定性调查是指以少量的样本作为调查对象，听取调查对象的直接声音，直接地观察和感受调查对象的反应。这类方法适合于详细地把握人的心理、意识、行为等，这些特质也正符合旅游市场调查中对旅游者或潜在旅游者调查的需要。定性旅游市场调查主要包括深度访谈法、焦点小组法、案例研究法和定性观察法等。

定性调查是否能反映总体的情况，还需要通过定量调查来验证。通过定性调查对假说和提问项目进行探讨之后，再通过问卷调查法来进一步确认最理想的组合调查方式。

1. 深度访谈法

深度访谈有明确的主题，研究者对访谈结构有一定的控制，具有一定的导向，并且会事先准备好大致的访谈提纲，研究者根据事先的访谈提纲向受访者提问，因此（有别于问卷调查中全部设计好的访问法，即结构式访谈）被称为半结构式访谈。

深度访谈法中，以访谈提纲作为提示，访问者与受访者一对一地实行深入的详细交流。深度访谈法的持续时间一般在 30 分钟到 1 小时之间。深度访谈法特别适合一些特殊环境下的调查，如对比较敏感和尴尬的问题的调查，对某些特殊行为的研究，对某些特殊人物的访谈。比如，了解旅游者的收入或花费等问题，不可能找一大群人要他们当众谈，即使能够从中获得一些信息也可能不真实，所以最好采用深度访谈法。

在访谈过程中，访谈提纲只是一种提示，访问者在提出问题时，鼓励受访者积极参与交流，并要根据谈话过程灵活地调整访问的程序和谈话的内容，或根据受访者的谈话作出合理的反应，提出需要进一步了解的问题。

2. 焦点小组法

焦点小组法或称为小组座谈会法，是一种无结构式访谈，通常由一名组织者邀请一些人自然和无约束地讨论某个话题。采用焦点小组法的目的，在于发现和归纳一些在常规的提问调研中所不能获得的意见、感受、经历。采取小组的形式可以使被访问者处于宽松、舒适的氛围中。称其为焦点小组，是因为组织者将保持对某特定话题的讨论，并防止人们将话题扯开。焦点小组法已越来越广泛地在调研领域使用。

在小组座谈中，一般避免直接询问，鼓励间接询问、自由激发，某个小组成员的想法往往能启发其他人，从而以较小的成本很快获得丰富的、有价值的信息。

焦点小组法是定性研究中最重要的方法，在实践中很受重视，应用广泛。它经常被市场研究人员作为大规模调研的事先调查，帮助确定调研范围，产生调研假设，为结构式访问发现诸如与特定讨论话题有关的旅游者使用的术语、词汇之类的有用的信息。

3. 案例研究法

案例研究法就是通过倾听、观察和二手资料收集等方式，对某案例进行详细调查。其目的在于从个人和组织的历史、事业和措施的实施事例，调查成功或失败的原因，以从中得出一些可以借鉴的结论。

4. 定性观察法

有些信息，与其去"问"不如去"看"，这样了解起来效率更高、更透彻。比如某地是否适宜规划到旅游线路产品中？适宜选择哪一区域投放旅游线路广告？等等。类似这样的问题最适合的调查方式便是定性观察法，即通过参与观察和实地考察等方法，了解当地的资源类型、布局、特色、多寡等情况，以得出观察结论。

5. 游客投诉调查法

游客投诉调查法就是根据各类游客投诉渠道所能获取的各类游客投诉信息，进行关键词提取、分类、归纳和总结，从而对某类旅游业的相关情况得到一些定性的认识，而这种认识是基于游客自发的投诉信息（为非引导型信息）所取得的。

比如 2009 年由国家旅游局及中国旅游研究院进行的"全国游客满意度调查"，就是根据国家标准化管理委员会发布的《顾客满意度调查方法》，结合旅游业特点设计和检验了全国游客满意度调查方法和流程，确定调查数据的三个主要来源，即问卷调查法、网络评论调查法和游客投诉调查法。其中游客投诉调查法是通过调查公开的旅游投诉平台、315 网站、各级电台及电视台的投诉情况等进行的。

6. 自由列举法

自由列举法作为一种非引导型的调查方式，在对休闲及旅游的相关态度量表发展方面具有其独到的应用价值。自由列举法是人们在实践中总结出来的，开展创造活动普遍适用的、程序化、规范化的方法与技法。人为地按某种规则列举出创造对象的要素分别加以分析研究，以探求创造的落点和方案，这类技法叫作自由列举法。

自由列举法的实质是一种借助某一具体事物的特定对象（如特性、缺点等），从逻辑上进行分析并将其本质内容罗列出来，经过批评、比较、选优等手段，挖掘创造主题新意的创造技法。因而，自由列举法具有科学性、程序化、实用性等特点。

自由列举法的主要功能在于其在探索性研究、创新性研究中的应用。比如在产品创新研究中，往往可以通过希望点列举、缺点列举等方法激发和改进成功新产品。

（二）定量调查方法

早期的管理推崇经验科学的研究方法，把观测、实验、对比、抽样、案例、访谈调查等方法当作主要方法。20世纪40年代以后，开始引入运筹学、控制论、系统工程、统计分析、计算机模拟等定量分析方法。2004年前，定性调查研究方法是中国旅游调查研究的主导范式。近年来定量调查研究方法盛行，尤其以问卷调查应用最为广泛。

问卷调查是为了把握调查对象的现状、意识和行为等，按照一定的规则选取调查对象（或者募集回答者），征求大量受访者的回答，在特定的期间内，收集对模式化问题的答案，并进行统计处理。因而，它也是一种典型的引导型的结构式调查方法。

问卷原本指为了统计或调查而使用的问题表格，是在社会调查中用来收集资料的一种工具。从现实的意义上讲，是指按照一定的理论假设设计出来的，由一系列变量、指标所组成的一种收集资料的工具。

问卷调查包括抽样调查和非抽样调查。抽样问卷调查是基于统计学理论从想了解的群体中抽出一部分进行调查，调查结果反映调查总体的情况，适于进行有关国民、消费者和顾客总体意识和行为的调查。非抽样调查不进行样本抽样来募集，以想要了解的群体的一部分人作为调查对象，受访者因对调查内容或对参与调查的附赠礼品感兴趣而自愿回答问题。这类调查不能也无须推断总体情况。

（三）基于互联网信息的旅游市场调查方法

中国互联网络信息中心（CNNIC）发布的第47次《中国互联网络发展状况统计报告》显示，截至2020年12月底，我国网民规模达到9.89亿，互联网普及率为70.4%；手机网民数量达到9.86亿，网民使用手机上网的比例达99.7%；网络购物用户规模达到7.82亿，占网民整体的79.1%。近年来，越来越多的人通过计算机或手机，运用网络搜索选择旅游目的地，这种与互联网结合的搜索行为同旅游选择密切相关。此外，手机移动数据作为新数据源，会使针对旅游者的调查更加精准。因此，现代信息技术在不断地应用于旅游调查之中。

1. 网络评论调查法

网络评论调查法是基于用户创建信息UGC（user generated content，用户生成内容）的旅游者调查，是基于旅游者主动意愿表达的非引导型调查。

从种类来看，主要包括社交网络、即时通信，如微信、QQ、Instagram、Facebook、LINE、TalkKakao等；博客，如旅游博客等；微博；论坛与社区；照片及视频共享，如Flicker和优酷等；点评，如大众点评网、美团评论、携程评论等；志愿地理信息，如VGI（volunteered geographic information）-WikiGIS，Google Earth，Openstreetmap等。

从特点来看，UGC提供了数量空前的信息，UGC信息已形成一个浩渺的知识海洋，其类型越来越多，并且这些信息在不断增加；UGC使调查者能足不出户接触世界各地的人群，对他们进行调查；UGC 信息包括历史的数据，可以形成对某问题的动态跟踪研究；UGC 可能改变科学研究格局，在某些领域，民间的、草根的调查将更多地出现，甚至挑战传统的权威。

从调查数据质量来看，基于互联网的调查，一方面使信息更加公开、透明，且正常情况下属于主动意愿表达、自然流露，但另一方面存在信息质量问题，比如对其调查数据的真实性、有效性的把控，存在难度。

2. 后台数据调查法

基于互联网、手机、GPS（全球定位系统）、银行卡、各类收银机、交通卡等，旅游者在进行查询、订购、交通出行、购买及支付等行为过程中，都会在前述各类现代信息技术设备后台产生海量信息，通过对这些信息的数据挖掘，可以得到有关旅游者消费能力、兴趣、行为偏好以及旅游出行轨迹等相关结论。随着互联网的发展与普及，越来越多的人旅游出行前先上网搜索与旅游相关的食、住、行、游、购、娱等信息。由于关键词搜索是网民的主动搜索表达，既不会掩饰自己的真实意图，也不会受第三方的引导和干预，这样使用这些搜索指数数据将具有更强的真实性，使得对现实的预测更加精准。

由于调查不受时间、空间的限制，相对快速和低成本，可以寻找符合特定条件的受访者，调查中可以使用多媒体，受访者可以自由填写等优势，应用 IT（互联网技术）的调查正在增多。然而，在向非特定多数调查对象发送问卷，以获得收信者自愿回答的调查中，不能确保样本的代表性，比如不使用互联网的人就被排除在外了。

另外，数据的可信性难以核实。比如无法判断受访者的真实性别、年龄等信息，也有人是为了获得报酬或奖品而重复作答等。包括在进行非引导型调查中，尽管是旅游者的主动表达，但由于互联网上的信息过于庞杂、良莠不齐，因此，信息的可信性应特别注意判别。其实得与失是需要根据实际情况加以权衡的。

调查实践表明，在使用互联网进行调查时，如果追求较快的调查速度，可能会增加成本或损失代表性与可信度。然而，如果希望在快速的同时，又保证调查具有较高的代表性与可信度，那么就得付出更大的成本。此种状况下，与传统的现场问卷调查相比，基于互联网的调查优势就不那么突出了。

 **扩展阅读**

数据成为跨境旅游市场决策基础

2019 年 7 月发布的《中国互联网发展报告 2019》显示：2018 年，我国数字经济规模已达 31.3 万亿元，占 GDP 比重接近 35%。在当今这个泛数字化时代，通过有效深入的数据分析，可以洞察消费者行为与用户细分，进一步了解中国跨境旅游发展趋势。

12 月初，万事达卡携手携程旅游，在北京发布《2019 中国跨境旅行消费报告》。万事达卡中国区总裁常青说，一直以来，万事达卡密切关注中国跨境旅游的发展，中国游客的面貌和消费行为日益多元化，这无论是对产品的定制化还是对业者的数字化能力都提出了更高要求。

根据万事达卡的数据，在入境游方面，中国正在成为重要的旅行目的地国家，在亚太地区 161 个最重要的旅行目的地城市中，有 41 个是中国城市。

万事达卡中国区市场营销及公共关系副总经理吴焕宇说，世界的加速联结、中国的日益开放以及旅游国际合作的进一步加强，为中国的入境旅游市场创造了良好的发展环境，2018—2019 年，中国入境游总人次和消费总金额同比继续呈现增长态势。

商务消费方面，中国香港和美国的入境游客都有两位数增长；休闲消费的主要入境客源地是中国香港、美国和韩国。与此同时，商务游扩展至非一线城市，休闲游也越来越深入，北上广深等一线城市仍是入境消费的主导城市；厦门、三亚、无锡等城市异军突起，在入境消费前 20 大城市名单中，新晋进入或排名大幅提前。

"入境市场虽然需求强劲，但也可以看出有许多需要完善之处：针对境外游客需求的配套基础设施仍有改善空间，支付系统尚需完善，商务游客的出行体验有待提升，一线城市之外的景点需要加快数字化。举例来说，商务游客的行程安排往往很紧凑，但国外游客在购买火车票时，要耗费许多时间在窗口办理，若能在车站多设一些供外国游客持护照取票的设备，将大幅提升体验和效率。除此之外，商务人士普遍对高端酒店有需求，但中国非一线城市的酒店产品大多为中端及以下产品，这一市场需求也有待满足。"吴焕宇说。

在出境游方面，根据《2019 万事达卡亚太地区旅行目的地指数报告》，2009—2018 年，中国赴亚太地区旅游的出境过夜旅客人次由 1 050 万激增至 6 240 万，复合年增长率达到 21.9%，在亚太地区 161 个最重要的旅行目的地城市中，中国是其中超过半数目的地的前三大客源地之一。

携程旅游大数据联合实验室首席研究员彭亮说，根据携程旅游的数据，以往出境游的增长主要来自一线城市的消费升级，但今年能够明显感觉到，一线城市以外的市场已经成为主要推动力。虽然一线城市的高端游客仍然维持增长并且走得更远，但来自新兴非一线城市的游客数量增长迅猛，显然是下一个待开发的金矿。

彭亮介绍说，中国出境旅游呈现五大趋势，核心力量有五大客户群。五大趋势包括：出游人次持续上升，市场下沉式增长，游客年龄分布呈哑铃形，热点旅游目的地维持不变、相互替换性强，购物与体验并重等。

他进一步分析说，2018—2019 年，中国出境游产品中的中端产品，在二、三线城市的销量同比增长近一倍，部分产品增长甚至超过 200%，非一线城市成为主要增长引擎，三线及以下城市出境游人次复合年增长率最高，达到 160%。游客年龄分布呈哑铃形是指增长重点分布于"50 后""60 后"和"90 后""00 后"两端。

邻近地区与发达国家仍为中国人出境游的首选，东南亚国家在前 20 大出境游目的地中占据 8 席。人们在出境游中既热衷购物，也追求体验，网红餐厅、博物馆、特色表演是重点参与项目。五大客群则为"50 后"退休客群、情侣客群、携父母出游客群、亲子游客群和年轻客群。

"随着跨境旅游的深入发展，相关行业及决策者应更深入地了解游客需求。数据，是现代决策的基础，但国内许多企业仍未实现全面数字化，而且数据收集技术也不完善。因此，除完善基础设施之外，国内旅游企业应尝试与拥有丰富数据的第三方机构开展合作，如在线旅行社、银行和银行卡组织，甚至寻求与国际化的会员奖励计划合作，通过数据对接，更精确地了解顾客。"吴焕宇说。

从数据来看，业界普遍对未来一年旅游市场持乐观态度。万事达卡数据与咨询服务部门及哈佛商业评论的研究显示，41%的受访企业高管表示，预计 2020 年能够通过个性化举措实现超过 10%的收益增长，其中，产品提供和推荐、在线顾客服务、定价策略、个性化在线体验等，被视为能够获得投资回报率最高的 4 个举措。

资料来源：冯颖. 数据成为跨境旅游市场决策基础[N]. 中国旅游报，2019-12-20.

四、旅游市场调查程序

简单来说，旅游市场调查的程序可分为调查准备、调查实施和总结三个重要阶段。具体的调查程序和步骤如下。

（一）调查准备阶段

这个阶段主要解决调查目的、范围和调查力量的组织等问题，并制订出切实可行的调查计划。具体步骤如下。

1. 界定调研问题

界定调研问题也就是根据研究的目标，拟定调查项目。这一阶段一个重要的工作是界定调研问题，界定调研问题是旅游市场调查的第一步，而这一步对于旅游市场调查非常重要。

2. 确定研究类型

根据研究的任务，选择调研类型。主要的调研类型有定性研究、定量研究、描述性研究、解释性研究等。

3. 确定资料收集方式

这一阶段主要是确定调研方法和资料收集的范围，如实验法、观察法、询问调查法等，并理清调研资料可获得的范围。

4. 进行探索性调研

这一阶段的重点是对课题进行初步研究，范围可小一些，方法可简单一些。目的是通过积累经验和辨别市场特征，为实地调查做铺垫。

5. 设计调查方案

这一阶段的重点是在探索调研的基础上，提出调研假设，设计调查问卷，规划和组织资源，提出实地调查的时间表和行动计划。

（二）调查实施阶段

这个阶段是整个市场调查过程中最关键的阶段，对调查工作能否满足准确、及时、完整及节约等基本要求有直接的影响。这个阶段有三项内容。

1. 对调查人员进行培训

让调查人员理解调查计划，掌握调查技术及与调查目标有关的基础知识和专业知识。

2. 实地调查

调查人员按计划规定的时间、地点及方法，具体地收集有关资料，不仅要收集第二手资料（现成资料），而且要收集第一手资料（原始资料）。

3. 调查质量监控

实地调查的质量取决于调查人员的素质、责任心和组织管理的科学性。因此，调查的组织者要经常进行调查质量监控，确保调查的质量。

（三）总结阶段

这个阶段的工作可以分为以下三个步骤。

1. 资料的整理与分析

市场调查人员必须依据合适的理论和科学的方法对资料进行分析，以挖掘并获得有用的内容，即对所收集的资料进行"去粗取精、去伪存真、由此及彼、由表及里"的处理。

2. 撰写调查报告

调查者依据分析结果写出书面调查报告，列明自己的调查发现和结果，以及建立在这种结果基础上的发展思路、可供选择的行动方案等。市场调查报告一般由前言、正文、结论和建议以及附件四个部分组成。其基本内容包括开展调查的目的、被调查单位的基本情况、所调查问题的事实材料、调查分析过程的说明及调查的结论和建议。

3. 追踪与反馈

提出调查的结论和建议后，不能认为调查过程就此完结。而应继续了解其结论是否被重视和采纳、采纳的程度和采纳后的实际效果以及调查结论与市场发展是否一致等，以便积累经验，不断改进调查工作，提高调查质量。

五、旅游市场调查内容

（一）旅游需求信息调查

旅游需求是在一定的时期内、一定的价格上，旅游者愿意而且能够购买的旅游产品的种类和数量，即旅游者对某一旅游目的地的需求数量。这种需求表现为有支付能力的需求，即通常所称的旅游购买力。旅游购买力是决定旅游市场大小的主要因素，是旅游市场需求调查的核心。

1. 旅游需求总量的调查

旅游需求总量的调查主要是通过抽样调查来推算总体的购买数量。一般调查的主要内容包括以下两方面。

1）旅游购买力调查

旅游购买力是指在一定时期内，全社会在旅游市场上用于购买旅游产品的支付能力。尤其是居民旅游购买力，它是社会旅游购买力最重要的内容，历来是旅游市场需求调查的重点。

2）居民可供支配收入调查

收入是产生旅游需求的必要条件之一，尤其是可供支配的收入。了解旅游者的收入和旅游需求之间的联系，可以据此进行旅游需求的分析和预测。所以，居民可供支配收入的多少，是决定居民旅游购买力大小的最主要因素。可随意支配收入是收入中最活跃的因素，它所形成的需求伸缩性大、弹性强。

2. 潜在旅游需求调查

潜在旅游需求是旅游调查中重要的方面，因为潜在旅游者在通过外在的刺激或者内在的动机激发以后，会转变为现实的旅游者。潜在旅游需求调查主要包括两个方面：一方面是调查潜在旅游者，包括潜在旅游者的特征、数量、需求特点等；另一方面是调查潜在旅游需求趋势，为未来的旅游产品开发等提供依据。

3. 旅游需求趋向调查

旅游需求趋向调查是旅游产品设计的重要方面，也是供给方了解市场变动、满足市场需要的重要手段和途径。调查旅游需求的趋向就是了解旅游者将其旅游购买力用于何处，购买旅游产品的类别、购买的时间和出游的地区。对旅游趋向及其变动的调查，可为旅游目的地以及旅游企业加强市场预测，合理组织、开发适销对路旅游产品，开展有效营销活动和制定合理的产品价格等提供参考依据。

（二）旅游者人口学特征调查

某一国家（或地区）旅游购买力总量及人均旅游购买力水平的高低决定了该国（或地区）旅游需求的大小。在旅游购买力总量一定的情况下，人均购买力的大小直接受旅游者人口总数的影响。为研究人口状况对旅游市场需求的影响，便于进行旅游市场细分，就应对人口情况进行调查。调查内容主要包括客源地域分布、家庭结构、年龄构成、性别差异、职业构成和教育程度等。

1. 客源地域分布

人口地理分布与市场需求有密切关系。比如，沿海地区与内地、城市与农村，在消费、需求构成、购买习惯和行为等方面都存在许多差异。

2. 家庭结构

家庭是社会的细胞，随着散客化趋势的兴起，以家庭为基本单位来进行旅游消费所占比例越来越大。另外，在我国人口政策和生活观念的变革中，家庭结构也出现了由过去几代同堂的大家庭向三口之家的小家庭发展，这对旅游需求也产生了影响。

3. 年龄构成

不同年龄的旅游者对旅游产品和服务需求的数量和种类都有不同。如年轻人的消费观念比较超前，乐于一些享受性的服务，喜欢刺激、运动参与性的旅游活动，而老年人则对旅游休闲度假、康体保健性的旅游产品比较热衷。当然，这也不是一概而论的，在不同的地区、不同的时期会有不同的特点，这都要依赖于通过市场调查去了解和把握。

4. 性别差异

由于性别的差异，旅游者不但对旅游产品的需求有很大差别，其旅游行为也有很大差别。通常女性对旅游目的地的选择要求较多，但是其购买选择受外界影响较大，常需经过犹豫、反复挑选后方能下决心，而男性自主性强，旅游决策比较果断。

5. 职业构成

职业不同，对旅游需求的差异也是比较明显的。不同的职业对目的地和旅游景区（点）的选择差异很大。

6. 教育程度

旅游者由于教育程度不同，会产生不同的旅游消费需要。一般来说，教育程度较高的旅游者喜欢具有文化内涵的一些旅游景区（点），如博物馆、遗址遗迹类景区（点）。另外，他们偏好购买某些特殊和文化层次较高的旅游商品，购买旅游商品时也显得较为理性。

（三）旅游者购买动机和行为调查

1. 旅游者购买动机调查

所谓购买动机，就是人们为满足一定的旅游需要，而产生购买行为的愿望和意念。人们的购买动机常常是由需要触发的，购买动机可以运用一些相应的手段诱发。旅游者购买动机调查的目的主要是弄清购买动机产生的各种原因，以便采取相应的激发措施。

2. 旅游者购买行为调查

旅游者购买行为是旅游者购买动机在实际购买过程中的具体表现，旅游者购买行为调查就是对旅游者购买模式和习惯的调查。旅游者购买行为的调查主要涉及不同群体的旅游者的旅游偏好调查、旅游决策行为调查、旅游消费行为调查、旅游空间行为调查、旅游满意度调查、旅游购买时间调查等方面。

1）旅游偏好调查

旅游偏好调查主要调查旅游者偏好哪一类的旅游目的地，是自然类还是文化类等，以及在外出中对于吃、住、行、游、购、娱各个要素的偏好情况。

2）旅游决策行为调查

影响旅游决策的因素很多，如价格、促销、服务质量、个人偏好、购买环境、服务提供商的知名度等，都影响着旅游者的最终购买决定，因此需调查影响旅游决策的主要因素。

3）旅游消费行为调查

旅游消费行为主要调查在旅游活动中，从旅游消费的各个层面来看，其消费的总额以及消费的构成。

4）旅游空间行为调查

旅游空间行为调查即从不同的层面调查旅游者的旅游活动属于哪种空间尺度，在每个不同空间尺度上的旅游活动具有哪些空间特征和规律。

5）旅游满意度调查

旅游满意度调查主要调查旅游者对整个旅游活动的满意程度，也包括对各个旅游要素的满意程度。

6）旅游购买时间调查

旅游者在购物时间上存在着一定的习惯和规律，尤其是旅游具有很强的季节性和区域性。如国内旅游者的旅游购买高峰期在我国的长假期间尤其突出，如十一和春节黄金周，而国外的旅游者又有带薪的假期，其购买高峰期则有不同。对于短线旅游者而言，购买高峰期与双休日、清明和端午等假期有关。

（四）旅游市场竞争信息调查

旅游市场竞争信息调查主要调查同类产品、旅游景区（点）、旅游目的地的服务提供情况、市场占有率；现有旅游产品或服务有无新产品或服务来代替；竞争对手（同类型的旅游企业或旅游目的地等）的状况，它们的产品或服务的质量、数量、成本、价格、技术水平、发展潜力等。

（五）旅游营销信息调查

旅游营销信息调查主要调查区域、企业、旅游景区（点）的旅游营销方式、营销渠道和营销效果，包括旅游景区（点）、旅游企业、目的地的旅游营销商的经营能力，目前销量和潜在销量，采用哪种营销渠道效果最佳，广告媒体的选择等。

案例讨论

2021年上半年自驾旅游市场趋势报告

案例讨论

怎样设计适合老年游客的旅游线路

 思考练习题

1. 什么是旅游消费者行为？
2. 旅游消费者行为的特点有哪些？

3. 影响旅游消费者行为的内部因素有哪些？

4. 影响旅游消费者行为的外部因素有哪些？

5. 旅游消费者购买决策的过程分为哪几个阶段？

6. 旅游市场调查对旅游线路设计的重要意义是什么？

7. 旅游市场调查方法包括哪些？

8. 基于互联网信息的旅游市场调查方法有哪些？

 实务操作

（从下列项目中选择一个项目进行实务操作）

项目1：分析东北地区红色旅游资源状况，为吉林省大学生设计一条红色旅游线路。

项目2：根据吉林省现有旅游资源，为吉林省中小学生设计一条研学旅游线路。

项目3：分析家乡旅游资源特点，设计一条乡村旅游线路或康养旅游线路。

第五章

旅游线路设计的步骤流程

【学习目标】

旅游线路的基本理论终究要应用到具体的旅游线路设计实践中去。因此，本章结合实例，首先阐述了旅游线路设计组织与准备工作的要求，阐述了旅游线路设计人员应具备的知识和能力，旅游线路设计的要素分析以及旅游线路设计的步骤，以提高和增强旅游线路设计方面的实际操作能力。通过本章的学习：

1. 了解旅游线路设计组织的内容；
2. 掌握旅游线路设计的要素；
3. 重点掌握旅游线路设计步骤，能完成不同类型的旅游线路设计。

业界新闻

承压之下的"春秋之变"

新冠肺炎疫情让旅游业遭受重创，如何转危为机，先求生存，再谋发展？拥有 2 000 多名员工的上海春秋国际旅行社（集团）有限公司（以下简称"春秋旅游"）走出了一条与众不同的道路。

从 2020 年下半年开始，春秋旅游几乎调整了所有产品线，将重点放在设计、采购、运营、推广国内主题旅游产品上。从 2021 年元旦起，春秋旅游累计推出了上千种红色旅游、主题旅游、城市微游产品。其中，仅上海一地就有 100 条红色旅游和"微度假"产品。当同行们惊叹春秋旅游行动如此之迅速时，春秋旅游副总周卫红向媒体透露了一个"秘密"："从去年下半年开始，我们的计调和采购就与各地分公司一起忙了起来。"

摄影主题游是春秋旅游的"时尚"产品之一，其热卖程度超出了春秋旅游主题旅游部负责人周详的预期。"今年 3 月第一周，报名参加摄影主题团的客人就超过了 1 万人次。"

周详清楚地记得，2020 年 4 月 18 日，春秋旅游推出了"换个角度看上海"观光巴士摄影一日游，当日就开出了 10 辆观光摄影巴士。每辆双层巴士载着 50 名业余"摄影师"，他们架起的"长枪短炮"，对准了上海外滩的万国建筑群、高楼林立的浦东天际线和淮海路商业街上川流不息的人群，他们说，3 米高的巴士顶层机位、马路上的站位，都是求之不得的最佳摄影角度，希望通过光影艺术，记录属于自己独特的"浦东记忆"……

城市"微度假"和"微旅游"，是春秋旅游开发的另一款"时尚"产品。春秋旅游相关负责人说，面对本地人讲述"家门口的故事"，必须潜心设计、精致讲解，深入挖掘建筑背后的故事，串联起平时游客难以进入的文化景点，让每一次"微度假"和"微旅游"都成为令人难以忘怀的人生经历。就有这样一条微旅行线路，让沪上某中学的一位教师赞叹，"这种把历史故事和艺术熏陶结合起来的产品，让人受益匪浅"。

体验该产品，游客既能了解常熟路上的故事，又能走进常熟路100弄感受上海歌剧院这幢建筑的魅力。还能进入排练厅，观看歌剧《江姐》片段，与饰演江姐的演员互动，听演员讲述对于角色的理解。

资料来源：郭亚芳，丁宁. 承压之下的"春秋之变"[EB/OL]. [2021-04-12]. http://www.ctnews. com.cn/lyfw/content/2021-04/12/content_101730.html.

第一节　旅游线路设计人员相关要求

旅游线路设计人员的素质与构成，直接影响到旅游线路设计的质量。作为旅游企业来说，为了降低旅游线路设计人员的费用，从本企业中选择设计人员是最理想的。如果旅游企业内部人员不能满足需要，可以考虑聘请其他方面的人员，对旅游线路设计人员的主要要求有知识要求与经验要求等。

一、旅游线路设计所需知识要求

（一）旅游资源知识

旅游资源是旅游线路中最主要的旅游吸引物。对于自然旅游资源来说，旅游线路设计人员需要具备自然旅游资源的相关知识，如地理知识、地质知识、水文知识、气象与气候知识、生物知识、生态知识等。在设计以人文旅游资源为主要旅游吸引物的旅游线路时，设计人员需要具备一定的历史学、考古学、文学、建筑学、民族学、民俗学、宗教学等方面的知识。

（二）旅游基础设施知识

旅游基础设施虽然不直接对旅游者提供服务，但是旅游目的地的旅游基本设施会使旅游者对旅游目的地产生比较直观的印象。因此，旅游线路设计也要掌握旅游基础设施的相关知识，如道路桥梁、供电供热、通信、排水、消防、停车场所及路标、停车线路的组织和设计。

（三）旅游专用设施知识

旅游专用设施直接服务于旅游者，对旅游者的旅游体验有着非常重要的影响。因此，旅游线路设计者对旅游专用设施必须非常了解，才能在线路设计中进行最佳的选择和组合。比如旅游专用设施中的住宿、餐饮、交通及其他服务设施的类型、位置、规模、档次、价格、舒适度等。

（四）旅游服务基本知识

旅游服务是旅游线路设计的核心。在旅游线路中，旅游者只是在餐饮等项目中消耗少量的有形物质产品，其余大部分都是对各类服务的消费。旅游线路设计要充分注意这个特点，所以旅游线路设计人员要具备基本的旅游服务知识。

（五）其他知识

除了上述相关知识外，旅游线路设计人员还要具备一些其他相关知识，如旅游美学知识、旅游政策与法规知识、旅游地理知识、旅游心理学知识，只有掌握这些专业相关知识，才能更好地规划线路、科学合理安排，满足旅游者的需求。

二、旅游线路设计的经验要求

旅游线路设计人员除了必须具备一定的理论基础知识之外，还需要具备一定的经验，才能使线路设计更加符合市场导向、旅游者需求等原则。

（一）导游经验

导游人员在导游工作中对旅游景区（点）、旅游交通、旅游食宿、购物和娱乐场所的选择是否合理、旅游者有什么需求、旅游线路的亮点或不足等了解得比较清楚，导游人员在服务和操作过程中积累的直接感受和丰富的经验能使设计的旅游线路更贴近实际。具有导游工作经验的旅游线路设计人员设计的线路更能受到旅游者的欢迎。

（二）计调经验

旅游企业在进行旅游线路设计时，要与旅游交通、饭店、餐馆、旅游景区（点）以及其他企业加强联系，才能形成综合接待能力。旅游线路设计人员有计划调度经验，可以在线路设计时合理选择旅游景区（点）、饭店、航空铁路、市内交通、娱乐及购物场所等，在众多对象中选择最理想的合作伙伴并进行优化组合，构成一个最佳旅游线路产品的服务体系，保证旅游线路的质量。

（三）旅游线路设计经验

旅游线路设计经验对旅游线路设计是非常重要的，旅游线路设计是一项复杂的工作，在策划、创意、设计过程等环节中都有很多技术与技巧。有旅游线路设计的经验，在设计时可以更好地吸取经验教训，少走弯路，保证旅游线路设计的成功率。

三、旅游线路设计的综合能力

综合能力对旅游线路设计人员也是很重要的，如团队合作、组织协调、综合信息等能力，具备这些能力在线路设计过程中能更好地综合线路信息，协调各环节具体安排，保证线路设计质量。

第二节　旅游线路设计的要素分析

旅游线路由很多要素构成，旅游线路设计就是根据各方利益相关者的需求，通过对各要素的合理搭配与有效整合，将其按照一定的顺序串联起来，以便利旅游者的外出。总体看来，旅游线路的构成要素由旅游资源、旅游设施、目的地的可进入性、旅游成本、旅游服务五方面构成。

一、旅游资源

旅游资源是指自然界和人类社会凡能对旅游者产生吸引力，可以为旅游业开发利用，并可产生经济效益、社会效益和环境效益的各种事物和因素。旅游资源是旅游线路设计的核心，也是线路得以形成的重要基础，更是吸引和招徕旅游者的关键所在。因此，在旅游线路设计的过程中，应最大限度地凸显旅游资源的优势，充分发挥其特长，以此来吸引潜在旅游者。

我国旅游资源的种类多种多样，按照资源的存在形式可以分为有形旅游资源和无形旅游资源。有形旅游资源主要包括自然风光（如名山大川）、历史文物（如名胜古迹）两大类别；无形旅游资源主要指社会文化相关的人文资源，如节事活动、民俗风情等。无论是有形或无形旅游资源，都对旅游者具有较大的吸引力，因此，旅游资源是开发与设计旅游线路所必须考虑的因素。

二、旅游设施

旅游设施作为旅游线路的重要支撑，不仅是旅游活动得以顺利开展和实施的重要保障，也是影响旅游体验质量的关键，尤其是在以康体为主要目的的旅游线路设计中，更直接决定着旅游体验的质量与水平。

旅游设施大体分为专门设施与基础设施两类。其中，专门设施通常包括住宿、餐饮、娱乐、游览等方面的设施。如酒店、宾馆、餐馆、咖啡厅、健身房、棋牌室和旅游景区（点）中供游人观赏、休憩的场所或设备，以及保证旅游者安全的相关措施。基础设施主要包括道路、桥梁、供电、供热、供水、排污、消防、通信、照明、路标、停车场、绿化、环境卫生等。相较于专门设施来讲，基础设施是旅游设施发挥作用的前提，也是旅游业得以良好发展的重要保障。

三、目的地的可进入性

作为连接目的地与外界的重要纽带，良好的目的地可进入性是实现旅游价值的重要前提。旅游目的地的可进入性一方面指进出目的地的难易程度,包括交通状况、通信条件以及目的地与外界信息沟通、交流的顺畅程度;另一方面指进出目的地的时效性,即手续办理的繁简程度。其中,交通状况既包括国际或城际的长途交通状况,也包括市内的短途交通状况。

除了交通的便利程度以外,舒适度与安全度在当下旅游市场中也至关重要。通信条件多指电话与网络情况,电话信号的强弱程度与网络覆盖面积的大小,均会对旅游者能否顺利进入目的地带来较大的影响。进出手续的繁简程度包括出入境手续办理的速度、成本等多个方面。

对于旅游者而言,目的地国家入境手续办理得越容易、速度越快、成本越低,越具有吸引力。旅游地的社会文化环境包括社会环境与文化环境两部分。社会环境方面,若当地民风淳朴、热情好客,则对当地的旅游也会产生积极影响;若当地民俗具有一定的排外性,且社会治安混乱,便不易于外来旅游者的进入。文化环境方面,越是发达的地方其文化的包容性越强,越能接受外来者的进入。

四、旅游成本

作为旅游线路设计中的关键性因素之一,在一定程度上旅游成本会直接决定旅游者是否选择或购买旅游线路。旅游成本包括时间成本和价格成本。旅游过程中的时间成本不但要考虑时间的长短,也要考虑各部分的时间安排。由于交通时间占据了旅游活动中的很大一部分,因此,将交通时间成本压缩,常常是提高线路品质的有效途径之一。

价格成本不单指旅游产品的整体价格,还应注意交通、餐饮、酒店住宿、旅游景区(点)门票、旅游商品等各部分的价格。其中,住宿成本所占比例较大。因此,在线路设计中,压缩旅游者的支付成本,也是提升整体旅游体验质量的重要途径。

五、旅游服务

旅游服务是旅游经营者向旅游者提供劳务的过程,服务质量的高低直接影响旅游者对旅游线路的质量评价。旅游服务通常包括导游服务、景区(点)服务、餐饮服务、住宿服务、购物服务五个方面,个别情况下还包含目的地居民的服务。其中导游服务分为全陪和地陪导游服务。全陪导游不但要做好服务者的工作,更要起到示范者与指导者的作用,使旅游者旅游体验的顺利进行得到保障。地陪导游的服务工作包括接站服务与正式游览过程中的讲解服务,主要目的在于提升旅游者的体验感受。

景区(点)服务内容主要有票务服务、问询服务与投诉受理,良好的服务态度会加深旅游景区(点)在旅游者心中的整体印象。干净卫生的餐饮环境与安全舒适的住宿环境,是旅游者旅游体验过程中体力与精力的重要保证,良好的购物环境更是旅游线路设计中不可缺少的重要一环。此外,目的地居民的服务也是旅游服务的重要组成部分之一。从一定意义上来说,目的地居民的服务态度与服务水平,直接决定着旅游者旅游体验品质的高低。

第三节　旅游线路设计的步骤

一、策划阶段

（一）寻求创意

新产品开发过程从寻求创意开始。所谓创意，就是开发新线路的设想。虽然并不是所有的设想或创意都能变成线路产品，但尽可能多的创意却可为开发新线路产品提供更多的机会。因此，大多数企业都非常重视创意的发掘。寻求旅行社线路设计创意主要有以下几种途径。

1. 投诉问题分析法

旅游消费者是产品信息的最好来源，而线路产品若被旅游者投诉则说明产品肯定存在问题，需要改进。分析这些投诉，经过综合整理，最后则可转化为创意。例如，国庆节期间某旅行社推出北京双飞四日游产品。在促销期间，一些旅游消费者要求旅行社在行程中增加参观天安门升国旗的项目。线路设计人员经过进一步调查，采纳了这个建议。结果该线路产品受到了旅游消费者的高度认同。

2. 内部人员会议法

召集旅行社相关人员，如导游、组团部工作人员等围绕某个问题，各抒己见，从中激发灵感、激发创意。

3. 旅游中间商、代理商提供法

旅游中间商、代理商与旅游消费者直接接触，他们最了解消费者的行为与心理，同时对竞争对手也比较了解，这种来源于他们的创意往往是最佳的。

4. 反向头脑风暴法

该方法是把不同岗位、不同职务、不同部门甚至完全不相关的行业的专家或人员召集起来，如媒体工作人员、学校教师等，围绕某一个主题没有限制地各抒己见，在思想的相互激荡中，寻求新线路产品设计的灵感。

（二）市场分析

线路产品的策划阶段既需要富有激情的畅想，也绝对少不得冷静的市场分析。市场分析要求产品设计人员以理性的态度对拟定的线路产品进行剖析。设计人员取得足够创意之后，要对这些创意加以评估，研究其可行性，并挑选出可行性较高的创意，这就是创意甄别。

创意甄别的目的是淘汰那些不可行或可行性较低的创意，使旅行社有限的资源集中于成功机会较大的创意上。它一般要考虑两个因素。

一是该创意是否与旅游企业的战略发展目标相适应，这些目标主要是利润目标、销售目标、旅游形象目标等。

二是旅游企业有无足够的能力开发这种创意，这些能力表现为融资能力以及开发所需要的技术能力、资源供给能力、市场营销能力等。

事实上，这样的产品分析，就是一份详尽的产品可行性报告。它不仅包括对市场状况、市场需求、旅游者承受心理等外部因素的分析，也包括对产品本身的特点、构成、落脚点等因素进行分析。缺少了这样的分析，线路产品就很可能是出于臆想，成为"建立在沙漠中的大楼"。

（三）创意选择

在收集到一定数量和质量的线路产品创意之后，就进入线路产品创意选择阶段。此时，旅行社应根据本企业的经营目标和产品创意的可行性着手对创意进行分析和筛选，从中选出符合企业经营目标的、可行度高的线路产品创意。经过甄别后保留下来的新线路产品创意还要进一步发展成为具体的线路产品。

 **扩展阅读**

花博会旅游线路设计者：带你领略别样的鸟语花香

随着花博会的日益临近，由锦江旅游推出的花博会旅游线路备受关注。此次花博会，锦江控股团队旅游中心共推出六条一日游线路和四条两日游线路，几乎涵盖了崇明最具代表性的景点，满足不同游客的需求。这些线路的设计者，是锦江控股团队旅游中心大中华地区部经理助理许晶团队。

"由于花博会会期内游客众多，如果游客自行前往，需要自己提前上网预订门票、车票、船票、停车位等，开设一日游的初衷一方面是为广大游客节省自己预订的时间，另一方面价格适中，大众的接受程度也会比较高。"许晶说。从2021年过完年开始，许晶就着手线路设计，一日游的六条线路在经过反复推敲、实地考察后，做了三四轮的修改。

此次设计的一日游线路，设计团队将崇明周边的资源整合在一起，使产品更多样化：既涵盖了反映新时代崇明建设的崇明规划馆，社会主义现代化农村建设的北双村、三民文化村等一系列比较具有代表性的景点，也结合了南门堤坝这些崇明自身就有的优秀自然旅游资源。希望通过一日游，让"两小时左右的车程"更物有所值。

崇明岛一向是上海人节假日爱去的"桃花源"，远离市区的喧嚣，在这里不仅可以呼吸新鲜空气，还可以暂时放空自己享受大自然。崇明花博会的举办，更是又多了一个去崇明岛的理由。除了六条一日游线路，为了让游客们能深入体验生态岛的魅力，两天一晚的旅游线路，许晶团队一口气设计了三条：花博会+东滩湿地、花博会+长兴岛郊野公园、花博会+前卫生态村。

"选择东滩湿地公园，是因为它是崇明本地极具代表性的优质自然资源，毗邻东滩鸟类自然保护区，也是国内唯一一处与候鸟保护区相邻的湿地公园。既有一望无际的芦苇布满滩涂，也是观日出的胜地。选择这两个景点是为了很好地结合崇明当地的旅游特色，突出生态岛建设的成果与亮点。"说起这三个景点的选择，许晶掩饰不住内心的喜悦，"游览长兴岛郊野公园，可以避开崇明本岛花博会游览的主人流，为都市人提供一片杉林鸟语、橘香宜人、回归自然、休闲度假的生态绿洲，打造成为'上海市民的后花园'，也有利于开展亲子活动。前卫生态村是 1969 年从荒滩上围垦并崛起的村庄，经过40 多年的艰苦创业，造就了国家级生态村。昔日荒凉沉寂的小村，如今既有都市风光，又具田园诗意。以生态、休闲、度假为特色的'农家乐'旅游项目，更以淳朴的民风、周到的服务，备受都市游客的青睐。"

据悉，目前锦江旅游推出的花博会旅游线路报名情况良好，尤其是越来越多的老年人前来咨询，大众的知晓度和参与性越来越高。

作为上海人，能够参与到这次花博会的工作中，通过设计具有特色的旅游线路，挖掘崇明的内在美，展示她的美好形象，许晶觉得非常自豪："花博会恰逢中国共产党成立 100 周年的时代大背景，如同花博会主题'花开中国梦'所描述的，希望这次花博会的成功举办，能突显出新时代社会主义建设的良好成果，以及建党百年以来上海这座走在改革开放前沿的城市所经历的巨大变化，也能展现崇明生态岛建设的优良成果，使更多的人了解崇明、了解上海。"

资料来源：王洁敏. 花博会旅游线路设计者：带你领略别样的鸟语花香[EB/OL]. [2021-05-16]. https://n.eastday.com/pnews/162112641177014232.

二、产品制作阶段

在完成产品的策划后，就进入具体的线路编排、制作阶段。旅行社线路开发设计程序的第一个阶段所确定的产品策划及创意，只是一个粗略的、轮廓化的产品速写，而产品制作阶段要进行的工作，则是让产品有血有肉地鲜活起来。

（一）收集相关资料

线路产品制作阶段的首要步骤是收集相关资料。目的地概括、各类介绍及评价文章等，都可以作为线路产品设计的有用的参考资料。其他旅行社的现成产品资料也十分有用，但仅能用作参考。因为对其他旅行社的现成产品全面抄袭借用，会有很大的风险隐含其中。这种风险表现为：①无法了解产品的最初编创意图；②无法完美体现原有产品的特色；③受原创产品旅行社的局限和束缚。

（二）实地考察

在设计新的线路产品，尤其是涉及新的目的地、新的线路、新的特色时，实地考察是必需的。在考察中所发现的问题，是在办公室里无论如何也想不到的。为了达到考察的真正目的，考察人员要进行先期的资料准备并草拟考察提纲。实地考察期间，考察人员要时时以旅行社与旅游者的双重身份，从两种角度审视考察对象。

考察结束后，要形成详细的考察报告。考察报告应包含这次考察的详细记录，包括产品构想、考察的详细日程、考察笔记及相关的全部材料。在实地考察的评价表中，要至少包括这样一些内容：城市区间交通状况评价、景区（点）评价、地接旅行社评价、旅游目的地接待服务设施评价等。

（三）分析取舍

设计人员在实地考察之后，要对收集的信息进行分析取舍。旅游线路作为产品的体现必须面对现实、面对市场。在进行分析取舍时，要注意以下三点。

①产品内容要符合产品名称并突出主题。因为产品名称的确立，即为产品的生产树立了一块基石，产品的主题、形式无不与产品的名称有着重要的关联。

②要从购买者主体的欣赏角度出发。尤其是一些文化旅游产品，其所蕴含的内容能否满足旅游者的心理需求，要重点考虑。

③在产品制作中，应尽力避免对旅游景区（点）选择的不慎重，以及由此可能给旅游者带来的误导及隐性的伤害。

（四）组装产品

这一过程是将分析取舍之后的旅游项目编排成一条完整的线路，并确定产品名称。线路编排就像工厂中的总线装配，经过取舍之后的产品名称、交通状况、城市、旅游景区（点）、食宿、娱乐活动等各类资料，都需要在这道工作环节中进行组合装配。

经过合理编排的线路，才能变成一个完整成形的产品。产品的组装，应当在旅行社产品设计原则的指导下进行，除"探险旅游"及廉价产品外，各类产品的设计，无一例外都要考虑行程安排的科学性和旅游者的舒适性，做到有效合理。

（五）制定市场营销组合

产品组装之后，设计人员还需要制定市场营销组合。针对不同市场需求对产品进行不同包装，制定产品价格，确立销售渠道，组织促销活动等。

三、市场试销

如果旅行社的最高管理者对某种新产品开发设计结果感到满意，就可以着手用品牌名称、包装和初步市场营销方案把新产品装扮起来，向旅游消费者推介新的线路。推介的主要方法有做广告、发宣传单、营销人员直接对潜在旅游者推介或给予低价、赠送项目等让利方式，以便尽快地吸引第一批旅游者报名参加旅行。

在这一阶段，旅行社应当密切关注旅游者在旅游过程中对活动项目的评价、旅游接待过程中各个环节的衔接状况，以及旅游目的地的接待服务水平等，并且不断地与相关接待部门进行沟通、协商，对旅游中出现的问题加以调整和改进，以提高产品质量。

四、投放市场

新产品经过一段时间的试销，如果效果良好，旅行社就应该及时地将该产品全面投放市场，运用恰当的市场营销手段，尽量扩大产品在市场上的占有份额，提高产品的销售量和利润率。

 案例资料

一条旅游线路是怎样炼成的

"第一次参加城市漫游，受益匪浅。从历史、文化等方面，都对昆明有了更深的认识。""在昆明有半天闲暇时光，于是选择步行7公里，寻百年老街，穿大街小巷，用脚步探寻昆明记忆。光华街、翠湖、云大、西南联大旧址、讲武堂，一路故事、一路历史，收获颇丰"……这是一条游客好评度100%的城市漫游线路——"探索昆明"。

旅游线路规划师、昆明游侠客旅行社有限公司产品经理普正华，通过把最能代表昆明的文化点位，富有逻辑并合理地串起来，并穿插许多小众点位，让游客在了解昆明历史文化的同时，还能享受昆明的风土人情、趣味活动。在近期昆明市举行的第二届历史文化名城旅游线路规划师技能竞赛决赛中，普正华获得二等奖。让他获奖的，就是融合"探索昆明"行程亮点的日游+夜游城市漫游线路——"重拾·昆明印象"。

关注需求 游客想体验什么

让外地游客深度体验昆明的文化，是普正华设计"重拾·昆明印象"的初衷。"昆明是首批历史文化名城，但外地游客对昆明的印象大多停留在气候宜人的春城、云南旅游的中转站，对昆明的兴趣点仅在享受慢节奏生活，而不是去挖掘昆明深厚的历史文化底蕴。"他说。

确定线路的主题后，普正华通过小红书、马蜂窝等，了解游客都在搜索昆明的什么、他们想在昆明体验什么。普正华说，了解游客的需求，是旅游线路规划的第一步。

翠湖、云南陆军讲武堂网红雪糕、酒杯楼、巡津新村网红街、南强街夜市……把游客关注的点一一列出后，一个产品框架逐渐在普正华脑海中成型：在翠湖周边，游览云南陆军讲武堂、西南联大旧址、云南大学和西仓坡；在昆明老街，游览文庙、钱王街、酒杯楼、抗战胜利纪念堂和聂耳故居；在金马碧鸡坊附近，打卡巡津新村、近日楼、南强街夜市。至于体验活动，在云南陆军讲武堂可以品尝网红雪糕，在云南茶文化博物馆可以品茶、体验压茶……

之后，读昆明历史典籍，查资料，做功课，对产品框架进行完善、修正。一周左右，普正华完成初版"重拾·昆明印象"。

打磨细节 怎么走最顺

完成初版"重拾·昆明印象"，普正华的线路规划只完成了50%。

在规划城市漫游线路时，普正华喜欢一个人花一天时间把线路走上一遍。此时，他的身份不是旅游线路规划师，而是一名普通游客。"一条线路，通常我会踩线 2~3 次。体验点与点之间的串联是否合理，怎么走才最顺？"普正华说。

每次踩线，他都会有新发现。比如，从近日楼到金马碧鸡坊有 5 条路可选，普正华却选了"非主流"的司马巷。"司马巷因清道光年间司马李际春的宅第得名。在巷子里，可以给游客讲讲昆明小街小巷名字的由来。巷里还有一家深巷咖啡店，游客可以品尝地道的老挝咖啡，还有酸酸辣辣的凉拌米线。这条小巷，游人不多，但体验度却不差。"普正华说。

规划师踩线并进行调整之后招募首发团，由真正的游客体验线路并反馈。行程中，在游览完云南美术馆、讲解完牛虎铜案雕塑后，游客将前往篆新农贸市场。从云南美术馆到篆新农贸市场的距离有 1.6 公里左右，步行需要 24 分钟，对游客来说可能会累；乘坐直达的 124 路公交，需要 21 分钟，但不方便；包车只需要 10 分钟，但成本高。根据首发团的反馈，普正华最终确定了性价比较高的交通方式，打滴滴。

经过最后的修改、完善及包装，普正华用近 2 个月时间完成"重拾·昆明印象"城市漫游线路。"重拾·昆明印象"线路的日游部分今年 5 月份上线，已接待游客超过 100人。在城市漫游产品中，这样的收客量名列前茅。

新兴职业 城市"代言人"

去年 7 月，普正华从云南大学旅游管理学院毕业，成为一名旅行社产品经理。设计旅游线路、产品，是他工作的重要部分。第一次参加旅游线路规划师竞赛，与普正华同场竞技的有旅游专业在校学生，有旅行社计调，有导游、领队，甚至有普通市民。

负责赛事举办的昆明市旅游品牌建设促进会相关人士说，旅游线路规划师属于新兴职业。从旅行社计调，到旅游定制师，再到旅游线路规划师……这个新兴职业不仅名称尚未统一，也没有行业标准。

但是，这也赋予旅游线路规划师更多可能性，对比首届赛事，今年的旅游线路规划师大赛中第一次有普通市民参赛。来自不同行业、不同职业的人，从不同角度挖掘、整合昆明历史文化资源，设计出各具特色并且更适合大众旅游需求的线路产品，把最美好的昆明呈现出来。从这个角度说，旅游线路规划师也是一座城市的"代言人"。

昆明市旅行社行业协会会长朱伯威认为，随着游客旅游需求日趋多元化、个性化，一方面倒逼旅游产业转型升级，另一方面也推动旅游线路规划师等新兴职业的发展。旅游线路规划师通过整合当地丰富的旅游资源，设计出针对不同消费需求的行程线路产品，将会成为全新旅游经济发展中的一股全新力量。

资料来源：李思凡. 一条旅游线路是怎样炼成的？[N]. 昆明日报，2020-11-25.

案例讨论

广西柳州：螺蛳粉产业成旅游新方向

 思考练习题

1. 旅游线路设计者应具备哪些知识与能力？

2. 旅游线路设计的步骤有哪些？

3. 旅游线路创意有哪些类型？

 实务操作

（从下列项目中选择一个项目进行实务操作）

项目 1：走访当地 5A 级景区，调查景区内部及周边的基础设施。

项目 2：收集本地五星级酒店的图片资料，并进行总结和评价。

第六章
旅游线路设计中要素设计

【学习目标】

旅游线路设计会涉及食、宿、行、游、购、娱等方面的选择和组合。本章重点介绍了旅游线路设计与相关产业的关系，以及在旅游线路设计中如何选择这些产业。通过本章学习：

1. 掌握旅游线路中旅游餐饮选择的原则和依据；
2. 了解旅游饭店的含义以及饭店的类型；
3. 熟知旅游交通选择的影响因素及旅游线路对交通的要求；
4. 理解旅游线路设计与旅游相关产业的关系；
5. 掌握旅游线路设计中对旅游相关产业选择的原则；
6. 掌握旅游线路设计中对旅游相关产业选择的内容。

业界新闻

琼海推出"1+X"一站式康养旅游产品

在近日举办的海南（琼海）康养旅游产品发布会上，琼海市政府面向全岛居民推出"1+X"一站式康养旅游产品。

针对岛内居民出行需求和特点，此次发布会推出 365 元（2 天 1 晚）和 719 元（3 天 2 晚）的散客产品套餐等旅游产品。套餐均包含一份康养礼包，市民、游客可从名医诊脉、中医理疗、肤质养护、文化治愈四大类产品中各挑选一项进行体验。同时，还可在琼海官塘假日度假酒店、博鳌亚洲论坛金海岸大酒店、博鳌亚洲湾度假酒店等 6 家酒店中任选一家入住。

"我们希望让市民、游客在家门口就能享受到国际顶级医疗技术，也能深度体验中国特色传统中医药文化和康养服务。"海南博鳌乐城国际医疗旅游先行区管理局副局长刘哲峰表示，此次推出的康养大礼包将博鳌一龄生命养护中心系列健康养护、预检等特色康养产品，与琼海优美的田园环境、官塘独有的温泉资源和各大景区、高端酒店等资源进行融合，整合成超值康养体验套餐，为市民、游客提供多角度、全方位的休闲康养体验。

发布会现场，主办方还向海南 865 位援鄂医护人员、海南 10 名一线防疫人员，以及 9 名现场随机抽取的在海南留观结束的湖北籍游客，分别赠送了博鳌一龄健康医疗旅游康养度假体验项目一套。

资料来源：林雯晶．琼海推出"1+X"一站式康养旅游产品[EB/OL]．[2020-04-07]．http://www.ctnews.com.cn/news/content/2020-04/07/content_72196.html.

第一节　旅游线路中的餐饮设计

当前，随着人们生活水平的提高，在选择旅游线路时，旅游者对于旅游餐饮的关注度也越来越高，什么样的旅游线路类型就会考虑选择什么样的旅游餐饮，这是出行时的重要考虑。因此，也给我们旅行社在设计旅游线路工作时，提出了更高的要求。作为旅游线路设计和提供主体，需要结合旅游目的地的旅游餐饮市场和餐饮特色，设计出更符合客人需求和时代要求的优秀旅游线路。

一、旅游餐饮的特点

（一）多样性

对于大多数旅游者而言，差异性是出游的原因之一，对于旅游餐饮的需求也同样如此，不同的地域、民族特色，会造就饮食的多元化。

（二）文化性

饮食不仅仅是为了满足人们的基本生活需求，也体现了社交礼仪、审美、宗教活动等文化内涵，旅游餐饮的文化性表现在餐饮器具、菜品、餐饮环境等内容上，由最初祖先的茹毛饮血到用火熟食，后来出现了粗制的餐饮器皿和炊具，再到精细型和现代化的餐饮器具；从只讲究温饱到关注菜肴的质量、搭配、养生；从对餐饮的礼仪程序和餐饮环境的讲究，无不显示出，餐饮的文化特性。而作为今日的旅游者，出游时更强调对于当地餐饮文化特色的品尝和体验。

（三）安全和生态性

人们对于饮食的需求不仅体现在多样性和文化性上，同时还特别关注安全和生态性，特别是当旅游者是团队时，旅游经营者更应关注团队效应。采用的菜肴体现美味的同时，还必须绿色、安全，表现出餐具要整洁卫生，餐饮原材料绿色、营养、安全，注重养生。需要正确区分当前各大酒店和餐馆推出的所谓"药膳"类餐饮，帮助旅游者识别。

二、旅游餐饮与旅游线路之间的关系

（一）旅游餐饮是旅游线路设计中的基础环节

旅游餐饮是旅游活动的物质基础，是旅游线路设计中不可缺少的基础环节，对旅游线路的设计和开发有着重要影响。一方面，餐饮是保持人们体力、保障旅游活动顺利开展的前提条件，人们只有在体力充沛的前提下，旅游活动才能顺利开展；另一方面，品尝到可口的美食有利于人们带着愉悦的心情进行旅游活动。尤其在以品味美食为主的旅游线路设计中，旅游餐饮的作用尤为重要，只有把旅游餐饮设计好，才能使旅游者满意。

（二）旅游餐饮对旅游线路的选择影响很大

目前在很多的旅游线路开发中，旅游餐饮已经不只是一种餐饮、一种美食，更是一种饮食文化、一种民族风情，品尝各地的特色食物和风味小吃已经成为旅游观光之余吸引旅游者的重要因素。旅游餐饮对旅游者选择旅游线路有很大的影响。富有地方特色的旅游餐饮体现出来的饮食文化，不仅丰富了旅游者的旅游体验，增加了旅游者的游览质量，更为旅游线路增加了亮点，丰富了旅游线路的内容，提升了旅游线路的知名度。

（三）旅游餐饮是旅游线路的重要组成部分

旅游餐饮不仅可以满足旅游者在饮食方面的基本生理需求，更重要的是，可以成为旅游者旅游经历的组成部分，满足旅游者的好奇心和求异心理。以民族、民俗、土特产、农家化、原生态为特点的特色餐饮，带有较深的地方烙印，一般成本较低，但附加值高，并可与购物等联动，有着巨大的市场，如篝火晚餐、滨海大排档、野外烧烤、民族家庭餐等。在设计旅游线路时，应遵循经济实惠、环境幽雅、交通便利、物美价廉、有特色等原则合理安排旅游餐饮，注意安排体现地方和民族特色的风味餐。

三、旅游线路设计中的餐饮选择

（一）观光型旅游线路

观光型旅游线路注重游览内容的出色，讲究风景优美、行程充实、经济实惠，在餐饮上要求不高，主要体现出饮食满足基本生理需求、价廉物美即可。因此安排观光型旅游线路的旅游餐饮要素时，场所体现出：经济、价廉、干净，普遍可以安排在大众经济型餐厅；具体安排正菜的菜标（经济性：八菜一汤或十菜一汤）；考虑游线的长短时，一日游安排在大众经济型餐厅，在二日游以上的旅游线路中可以安排一次正餐，品尝当地风味特色菜。

（二）休闲度假型旅游线路

休闲度假型旅游线路为客人提供休息、度假服务，选择旅游景区（点）游览内容上比较单一，但在旅游点停留时间长，这类客人除了注重旅游环境，还关注旅游餐饮的特点，需要选择适合旅游者的旅游餐饮特色，体现地方特色性，甚至还要考虑餐饮的养身、生态等特点。因此安排休闲度假型旅游线路的旅游餐饮要素时，场所体现出：安静、精致、干净，安排在高档次的特色餐厅；具体安排菜品：讲究特色性、养生性；考虑游线的长短时，多日游为主，每次都要精心安排旅游餐饮。

（三）商务型旅游线路

商务型旅游线路需满足旅游者公务、商务旅行需求，旅游目的地固定，旅游餐饮要求高品质、高服务，一般对价格不敏感，旅游餐饮消费水平高，对于餐饮地点忠诚。因此安排商务型旅游线路的旅游餐饮要素时，场所体现出：高档、固定、安静、舒适，安排在高档次的酒店餐厅；具体安排菜品：讲究高质量；考虑游线的长短时，多日游为主，安排舒适的就餐环境、高质量的餐饮服务。

（四）会议型旅游线路

会议型旅游线路为与会者安排旅游活动，出行时间较长，旅游目的地固定，旅游餐饮消费水平高，对于餐饮地点忠诚。因此安排会议型旅游线路的旅游餐饮要素时，场所体现出：开会时在酒店用餐，会议之外，要求特色餐馆为主；具体安排菜标（特色性：八菜一汤或十菜一汤）；考虑游线的长短时，多日游为主，安排舒适的就餐环境、高质量的餐饮服务。

（五）生态型旅游线路

生态型旅游线路强调观光旅游、生态环保，旅游者寻求自然景区（点），旅游餐饮要求绿色、生态，消费水平不高。因此安排生态型旅游线路的旅游餐饮要素时，场所体现出：绿色、安全、新奇，安排在生态餐厅；具体安排菜品：讲究绿色、安全、方便；考虑游线的长短时，一日游自行携带午餐为主，二日游以上安排绿色便利的就餐环境。

餐饮是当前备受关注的点，旅游餐饮作为旅游活动的基础，成为旅游者旅游经历的重要组成部分。出行在外的旅游者，会因为环境的差异和身心的反应，对旅游餐饮作出更高的要求。作为旅游线路设计工作者，不能忽视旅游者的这种现象，要随时根据不同旅游者的需求和餐饮的走向，对旅游线路中的旅游餐饮环境、餐饮标准、具体菜品进行适时调整，体现文化性、特色性、安全和生态性，以使旅游线路更加完善。

 扩展阅读

以食为媒　挖掘文化和旅游市场新潜能

近日，由中国烹饪协会、佛山市文化广电旅游体育局联合主办的"佛味全席"评选活动经过广泛征集、全民投票、专家评审等环节，正式评出108道最能代表佛山特色的美食。

据介绍，佛山处于珠三角腹地，美食文化源远流长，顺德菜、地方特色美食等皆为广府菜的重要组成部分，深厚的饮食文化基础使佛山味道"走"向全国，催生城市旅游新动能。作为佛山市近年来最具权威性的美食评选活动，"佛味全席"评选致力挖掘和梳理佛山地标美食，擦亮城市新名片。

该活动以地域特色、文化典故、普及推广、口碑美誉、色香味形5项条件为参考依据，发动佛山市五区文广旅体局、餐饮业专家、知名餐企食肆等广泛参与，共收集549

份佛山特色美食推荐表。最终，经过全民投票、专家审核，有108道美食列入"佛味全席"名单，共69道菜肴、9道汤羹和30道点心小吃，其中包括佛山柱侯鸡、均安蒸猪、八宝黑皮冬瓜盅等名菜名点。

佛山市文化广电旅游体育局相关负责人表示，佛山将围绕"佛味全席"活动持续打造系列衍生产品，包括编写中英文版《佛味全席》书画册，推出美食地图，挖掘打造一批"佛味全席"旅游餐饮名店，将"佛味全席"融入五区古村、休闲农旅、景点景区等元素，以文旅融合深入挖掘佛山美食内涵，以"美食＋"的方式擦亮佛山粤菜粤厨名城金字招牌，进一步释放文化和旅游消费潜力，扩大消费需求。

据悉，为方便市民游客寻味，佛山上线了"佛味全席"微信小程序，并联动"好物纷享荟"微信视频号、"揾食女司机"抖音号等一系列新媒体平台，让市民游客实现掌上寻味。

资料来源：张宝桁. 佛山：以食为媒 挖掘文化和旅游市场新潜能[EB/OL]. [2021-02-10]. http://www.ctnews.com.cn/news/content/2021-02/10/content_97803.html.

第二节　旅游线路中的住宿设计

旅游住宿作为旅游行业三大支柱之一，在供给旅游服务、刺激旅游消费方面发挥着不可替代的作用。当下，随着旅游目的地建设思路与模式的变化，旅游住宿企业的内涵大大扩展，住宿企业不再局限于"住宿"单项服务，逐步提供"吃""购""娱"等服务。旅游民宿、乡村客栈、主题酒店、精品酒店、共享住宿、度假租赁公寓等多种类型的住宿丰富了旅游者的出行选择，越来越多的旅游者仅围绕旅游住宿单元进行旅游活动就能获得满意的旅游体验。

一、旅游饭店的概念与类型

（一）旅游饭店的概念

旅游饭店是指能够以夜为单位向旅游客人提供配有餐饮及相关服务的住宿设施，按不同习惯它也被称为宾馆、酒店、旅馆、度假村、俱乐部、大厦、中心等。它是以旅游接待设施为依托，通过向旅游者及所在社区提供住宿、餐饮、娱乐等综合服务来实现经济效益和社会效益的企业。目前，在我国的饭店业统计中，一般将由文化和旅游部授权挂牌的星级饭店，统称为旅游饭店，其他相对价格比较低廉的住宿业，通常被称为社会旅馆。

（二）旅游饭店的类型

1. 商业性酒店

所谓商业性酒店（commercial hotel），就是为那些从事企业活动的商业旅游者提供住宿、膳食和商业活动及有关设施的酒店。商业性酒店的最大特点是回头客较多。因此，酒店的服务项目和服务质量以及服务水准要高，要为商业旅游者方便创造一切条件。酒店的设施要舒适、方便、安全。

2. 长住式酒店

长住式酒店（residential hotel）主要为一般性度假旅客提供公寓生活，它被称为公寓生活中心。长住式酒店主要是接待常住客人，这类酒店要求常住客人先与酒店签订一项协议书或合同，写明居住的时间和服务项目。

长住式酒店一般收费较高，其原因是长住客人不会像一般旅游者那样在酒店就餐、购买纪念品及公共服务项目，因此这些应该得到却失去的营业额都加到客房服务的账目里；同时长住商客要求一些额外的客房设施，这也是增加费用的一个原因。另外长住式酒店也要提供比较现代化的电源设备、电传、电话，特别是海外直拨电话、传译，同时也要提供方便的交通、安静的住所。

3. 度假性酒店

度假性酒店（resort hotel）主要位于海滨、山城景色区或温泉附近。它要离开嘈杂的城市繁华中心和大都市，但是交通要方便。度假性旅游酒店不仅要提供舒适、暖人的房间，令人眷恋的娱乐活动和康乐设施，同时要提供热情而快速敏捷的服务。还有一点需要指明的是，度假性酒店要设在自然环境优美、诱人、气候好的热带地区，四季皆宜，树木常青，酒店要位于海滨。

4. 会议酒店

会议酒店（conference hotel）是专门为各种从事商业、贸易展览会、科学讲座会的商旅客人提供住宿、膳食和展览厅、会议厅的一种特殊的旅游酒店。会议酒店的设施不仅要舒适、方便，有暖人的客房和提供美味的各类餐厅，同时要配有大小规格不等的会议室、谈判间、演讲厅、展览厅等，并且在这些会议室、谈判间里都有良好的隔板装置和隔音设备。

扩展阅读

周边游成热点，民宿拿什么分羹这个市场

二、旅游线路设计中对旅游住宿的要求

（一）设施设备要完善

外出旅游的旅游者都是将酒店作为家外之家，因此希望酒店能够提供便捷舒适、配套齐全的设施设备。长途跋涉后，旅游者进到房间希望洗个热水澡消除疲劳，炎热的夏季旅游者渴望一进客房就能感受到清凉，冰天雪地的寒冬旅游者返回酒店希望能够在游泳池做个温泉SPA，当然旅游者也很需要酒店提供性能良好的健身设备。

（二）酒店布置要突出地域文化风格

这是指在客房主题的营造和设置上，应以本地独有的风土人情、民俗民风为主题吸

引旅游者。例如，日本的酒店很多都寻求其文化卖点，如低矮木屋、原木移门、红灯笼、和服、日本料理等，使客人在购买、享受这一主题产品后，可获得对有关日本文化的深刻认识。

中国悠久的历史和广袤的地域，为中国酒店客房布置提供了取之不尽的主题，如海口的树上宾馆、延安窑洞饭店、湘西的吊脚楼旅馆、福建的土楼饭店、内蒙古的蒙古包饭店、河南少林寺的禅居酒店等均以浓厚的地域风格给旅游者留下了极为深刻的印象，成为整个旅途中不可或缺的一道风景。

（三）酒店环境要安静

外出旅游耗费时间长，体力透支大，旅游者返回酒店需要及时的休息。因此，酒店的住宿环境必须保持安静，喧哗的闹市区以及交通枢纽地区不适合作为旅游团队住宿的首选。即使是同一家酒店，安排住宿时也要考虑房间的不同朝向问题，尽量避免靠近马路一侧的房间。

三、旅游线路设计中旅游住宿的选择

（一）根据客人的需求层次选择

1. 基本型

基本型的住宿设计，主要是满足中国大众旅游时代刚刚富裕起来，有着强烈旅游欲望的群体，他们对于住宿的要求不高，3 人间或者 4 人间的招待所就能满足他们的要求，价位相对便宜，满足安全和卫生的基本前提即可。

2. 标准型

标准型的住宿，是标准型旅游产品的组成部分，产品标志就是独立卫生间的二人间标准房，24 小时的热水也成了一个基本条件。确切地讲，目前我国的二星级、三星级饭店都属于这个层次。

3. 豪华型

豪华型的住宿设施，是高档旅游产品中最容易实现标准化的部分。旅行社在设计这一类型的产品时，通常会考虑星级较高的饭店。如四星级或五星级饭店，或者把客人安排在一些度假旅游胜地的度假别墅里。这类的住宿产品设计，不但要考虑到设施的全面性和豪华程度，住宿设施的私密性也成为重要的标志之一。有时，旅行社也会根据客人的要求，安排一些具有地方特色的豪华民居或者野外露营，但是绝对不应牺牲设施的舒适性和豪华程度。

（二）根据客人的旅游动机选择

1. 观光型旅游线路

观光旅游主要指到异国他乡游览自然山水、名胜古迹，领略当地风土人情等目的的旅游，是世界上最古老、最常见、最基本的旅游类型，也是我国旅游接待中最主要的旅游类型，近年来华的海外旅游者约有 70% 是以观光为目的的。这也从另一方面体现了我国旅游产品的单一性、综合性和专项旅游产品有待进一步开发。

普通观光型旅游者喜欢到知名度高的地方旅游，自然也会选择当地的旅游住宿设施。观光旅游者不断流动，在一个旅游地逗留时间不长，一般在同一饭店住宿的天数不会超过 3 天，而且重复观光旅游者少。他们在旅游地消费量不大，对旅游饭店的价格比较敏感。

2. 商务型旅游线路

商务型旅游也称差旅型旅游，此类旅游者以公务、商务旅行为主要目的，并在完成公务和商务的同时进行观光游览活动，对旅游目的地和出行的时间几乎没有选择余地。他们往往会选择住高档的饭店，一般对饭店的价格不大敏感。虽然商务旅游者的人数相对较少，但出行次数较为频繁，消费水平较高，有时会选择同一家饭店，对旅游饭店的忠诚度较高。

商务旅游者的活动安排有较强的计划性，他们要求饭店的地理位置和交通条件好，国际直拨电话、互联网、传真、会议室、产品展销厅、各类餐厅、宴会厅、商务套房等商务活动所需设备设施先进而齐全，并且要求饭店能提供高质量的服务，如为商务旅游者专门开辟楼层，提供快速住离店服务等，比较强调方便和舒适。随着职业妇女人数的增加，商务旅游者中女性的比例越来越大，相对男性来说，她们更加注重卫生条件和安全状况。

3. 会议型旅游线路

会议型旅游是指会议接待者利用召开会议的机会，组织与会者参加的旅游活动。参加会议的人员比一般旅游者的消费水平高，逗留的时间比一般旅游者也要长得多。会议的计划性较强，大都不受气候和旅游季节的影响，且多选在旅游淡季举行。

接待会议旅游的饭店，必须具备现代化的会议设施，如先进的通信、视听设备等，接待国际会议的饭店应具备同声传译设备及装置等。饭店的地理位置要优越，交通方便快捷，并配备不同档次的住宿和娱乐设施。承办会议的饭店要有一批熟悉国际会议惯例并善于组织国际会议的专门人才，并能提供高水平的服务。

4. 度假保健型旅游线路

度假保健型旅游主要是指为避寒避暑、寻求幽雅的生活环境、治疗某些慢性疾病而外出的旅游。此类旅游者喜欢去自然环境好、空气质量高的地方，即阳光充足、气候宜人、空气清新、水质好、远离噪声，或有海滨、森林、温泉、湖泊的地方，因而所选择的饭店，大多也是建在上述地区。

此类旅游者在一地逗留时间较长，旅游住宿水平有两个极端：纯粹以度假为目的的旅游住宿水平高；以保健为目的地的旅游住宿水平较低，因为他们之中有相当数量是经济型旅游者。总体来看，度假保健型旅游者以中高档消费水平的中老年人居多，而且多以家庭为单位出游。因此，要求饭店必须针对老年、家庭型旅游者的特点，营造温馨、和谐的氛围。

5. 娱乐消遣型旅游线路

娱乐消遣型旅游者出游的目的主要是改换环境、调剂生活，以娱乐、消遣求得精神松弛和愉快，在娱乐中恢复身心健康。旅游者要求活动的参与性较强，如遇天气变化、不安全因素，或产品质量、价格等出现问题，会临时改变计划，取消旅游或改去其他饭店住宿，不确定性很大。他们一般住宿时间较长，少则 1～2 天，多则 4～5 天或更长；多是自费，因而对旅游住宿的价格比较敏感，要求物有所值。

第三节　旅游线路中的景区（点）设计

一、旅游景区（点）的概念及分类

（一）旅游景区（点）的概念

游览观光是旅游者最主要的旅游动机，是旅游线路产生吸引力的根本来源，也反映了旅游目的地的品牌与形象。所以旅游景区（点）的选择至关重要。旅游景区（点）是指有统一的经营管理机构和明确的地域范围，能够满足旅游者游览观光、消遣娱乐、康体健身、求知等旅游需求，并具备相应的旅游服务设施和提供旅游服务的独立管理区域。

旅游景区（点）范围广泛，包括风景区、文博院馆、寺庙观堂、旅游度假区、自然保护区、主题公园、森林公园、地质公园、游乐园、动物园、植物园等。

（二）旅游景区（点）的分类

旅游景区（点）按其风格特色，可以分为以下几类。

1. 文化古迹类

文化古迹类旅游景区（点）主要指古代时期就已经存在，却未因时间原因消逝，至今仍然存在的典型遗迹，以具有一定的文化价值或历史价值的文物古迹为主的景区（点）。文化古迹类景区（点）是人们学习历史、了解历史以及教育当代人的良好场所。

2. 风景名胜类

风景名胜类旅游景区（点）是指具有独特的风光、景物及古迹，同时也包括有独特的人文习俗的景区（点）。风景名胜是人们休闲、学习、放松心情的好去处。

3. 自然风光类

自然风光类景区（点）是以当地独特、优美的自然环境为主，当地旅游部门精心开发而成的景区（点），适合于休闲、养生等。已经开发的自然风光类景区（点）通常市场同质性比较高，要创造高利润或特色突出的旅游线路比较困难。

4. 红色旅游类

红色旅游是把红色人文景观和绿色自然景观结合起来,把革命传统教育与促进旅游产业发展结合起来的一种新型的主题形式。

二、旅游线路中旅游景区(点)的选择与组合

旅行社选择旅游景区(点),旅游景区(点)的资源品位高、环境氛围好、游览设施齐全、可进入性好、安全保障强、配套设施齐全等是必备条件,还应充分考虑旅游者的审美趣味和消费心理,需尊重旅游者的身心规律。

旅行社需了解景区(点)的特殊性,避免旅游线路中景区(点)的雷同,还需了解景区(点)的各种限制,如有些景区(点)有开放时间的限制、人数的限制、交通的限制、交通工具的限制、季节性的限制,受到自然或人为破坏关闭维修、例行性保养维修或必须事先预订等限制,都会影响旅游线路的安排。

一般来讲,旅行社选择景区(点)要遵循以下原则。

1. 数量适中

同类旅游资源中只宜选择最具代表性的某一资源,以减少成本,避免重复。

2. 深度适当

景区(点)风格宜雅俗共赏,视觉效果好,内容丰富鲜活,易于体验和感受。景区(点)如果内容过于集中、专业性太强的话,会使大多数旅游者失去游览的兴趣。

3. 选择该景区(点)的最佳观赏时间

一条旅游线路上串联着若干个景区(点),各个景区(点)尤其是自然风景区因自身的构景特征不同而各有其最佳观赏时间,旅游者若能在最佳观景时间游览,能大大提升游览价值。

4. 充分考虑交通的顺畅性,避免走回头路

旅游者心理需求是物有所值,整个旅途看到不同的风景和不同的体验。因此要注意线路规划中避免走回头路,这样既可以节省路途中的时间,又可以使旅游者欣赏到不同美景。

5. 旅游节奏适度,动静结合,劳逸结合

因为旅游活动的日程一般都安排得比较紧凑,每天早出晚宿,有时夜晚还有游娱活动,活动量是相当大的,而且各个旅游景区(点)的游览,所需要游人付出的体力也不一样。有的景区(点)游人主要是通过乘游船、坐缆车或坐下来观看各种表演等方式游览,其自身处于相对静止的状态中;而有些景区(点)的游览则要全靠游人自己行走,或是划船、登山、滑雪、参与跳民族舞蹈等一些参与性的体验项目。对于这两类景区(点),尽量交错安排。

6. 旅游者体验逐级递进

不同旅游者在质量、文化水平、品位等方面总有差异，不会是同一相等的水平。如果游线设计是把质量品位最高的景区（点）串联安排在前，相对较差的景区（点）安排在后，那么，游人在对这条游线进行游览时，虽然获得的第一印象颇好，但随后他在旅游的过程中不断地付出了更多的时间、体力和经费，却因有前面的高质量的景区（点）做参照，而感到后面游览的景区（点）不如最初的景区（点），就会产生一种得不偿失的"失望感"，进而对整条游线的游览不满意。

倘若游线对景区（点）的串联组合，是把越好的景区（点）越放在后面，那么游人在其旅游进程中，随着他的时间、体力和金钱的不断付出，就能看到一个比一个更好的景区（点），这在其旅游心理上，就会产生一种选择该次旅游的成功感，确认这条游线是值得花钱花时花体力不断深入游览的。并且会形成对这条游线的好印象，认为它是一条内容丰富多彩的高质量的游线。由此可见，同样的景区（点），由于串联组合的方式方法不同，最后给游人形成的游览感受是大相径庭的。

第四节　旅游线路中的交通设计

旅游交通是指为旅游者由客源地到目的地的往返，以及在旅游目的地各处活动而提供的交通设施和服务的总和。旅游交通是为旅游者提供旅行游览所需交通运输服务而产生的一系列社会经济活动与现象的总称。旅游交通是发展旅游业的先决条件之一，只有发达的旅游交通业才能使旅游者顺利、愉快地完成旅游活动。

一、旅游交通对旅游活动的影响

（一）旅游交通对人们选择旅游目的地的影响

旅游交通的便利与否直接影响到人们对旅游地点的最后选择。一般情况下，人们不会选择"舍近求远"，或者是"舍易求难"，交通便利的旅游景区（点）比交通闭塞的景区（点）有优势。同时，交通的便利与否直接影响了人们的出游半径和景区（点）的客流量，对于那些危险系数高、交通状况差的景区（点），旅游者会相对较少。

由此可见，客源地与旅游景区（点）之间的距离和旅游景区（点）对旅游者的吸引力之间是成反比关系的。人们是否选择去该地旅游，除了考虑附近住宿条件和饮食条件，以及当地的文化、风景的吸引力外，还会考虑当地的交通是否便利、这次出游是否划算等。而且，超过半数的人将交通这一指标列在首位，如果该地的交通状况差，那么人们很可能会退而求其次，放弃对该地的选择。

（二）旅游交通对旅游资源开发的影响

旅游业的长线发展离不开观光者的支持，旅游者产生的旅游效益是促进旅游业发展的根本,开发旅游业的资金需要从旅游效益中拨出。而由于交通问题导致旅游业发展滞后,旅游资源将得不到有效开发,最终无法形成规模化、产业化发展的旅游产业链,当地的经济发展也将受到一定的影响。

(三)旅游交通对旅游质量的影响

来自不同地域的旅游者,由于自身经济实力、文化素质、情趣爱好有很大的差别,因而对旅游地域的食物、住宿、景致的要求往往有很大的差异,但是旅游者对旅游景区(点)交通的要求却惊人的一致。在旅游者的投诉信中,大多数都是关于当地交通状况的。

扩展阅读

轨道旅游步入春天
观光列车值得期待

旅游者选择在长假或者小长假期间去旅游是为了放松身心,而不是去寻找疲惫的,因此交通在很大程度上影响旅游者旅游时的心情,影响旅游者对该地的印象。这也是当今的"享乐游""休闲游"受人欢迎的原因。旅游业不能再满足于从前的"温饱型",而应该努力朝"享乐型"发展。

二、旅游线路设计中对旅游交通的要求

(一)安全

安全需要对旅游者来说是放在第一位的,旅游者对于交通安全的需求首先表现在手续便利方面,安全与便利是分不开的,便利的手续在省心、省力、省时的同时也意味着旅游者的人身和财产安全更有保障;其次表现在旅途安全方面,人对安全的需要仅次于人的生理需要,外出旅游是人生的乐事,每个人都希望能平平安安、快快乐乐地度过这段有意义的日子,此时旅途平安对于旅游者来说尤为重要。

(二)时间

旅游者希望交通工具准时起程、准时到达、准时返程,并且整个旅途中希望尽快抵达目的地,游览过程要缓慢一些。

(三)舒适

舒适的交通服务可以缓解身心疲劳、改善旅游者情绪、提高旅游者兴致,这是旅游者物质方面的要求。首先旅游交通服务设施的条件状况,直接影响着旅游者的心理感受;其次感受优质服务,这是精神方面的需求,旅游者希望在旅途中得到文明礼貌、热情周到、人性化的服务。

(四)经济

旅游者总是希望用最有限的资金获取最大的心理满足,对于交通工具的选择也是一样的。

(五)多样化

多样化的交通工具会丰富旅游者的行程,也会成为旅游者旅途中重要的体验之一,

因此在旅游的线路设计时，我们在可能的条件下应该追求交通工具的多样化，以丰富旅游者的旅途体验。

三、旅游交通选择的影响因素

旅游交通服务的对象是旅游者。旅游者对旅游交通的要求日益提高，已经从初级的"通"、中级的"快"，发展到现在的快捷、舒适、方便等。因此，在旅游线路设计中，首先要了解旅游者对旅游交通的要求，然后对旅游交通方式作出合理的组织和安排，以最大限度地满足他们的需求。总体来看，旅游者在对旅游线路中各种交通方式作出选择时，往往会受下列因素的影响。

（一）旅行目的

旅行目的不同，选择的交通方式往往不同。如果旅游者是以度假为目的，他将希望尽快赶往旅游目的地，把更多的时间用于悠闲、安逸地度假。这类旅游者对旅途不感兴趣，会选择飞机、特快列车或直达车等，尽可能缩短旅途，不让旅途多占用度假时间。

（二）运输价格

旅游交通价格或旅游费用是选择交通方式的影响因素。例如，经济型旅游者对价格比较敏感，价格高低通常对他们会起决定性作用，因而他们选择的交通方式往往是经济实惠的水路或铁路交通。

（三）旅行距离

旅行距离影响交通方式的选择。受旅游目的地距离和旅行时间的限制，人们常会追求"快捷、安全、高效"的航空或铁路交通方式，公务繁忙的商务旅游者更是如此。

（四）旅游者的偏好和经验

旅游者的偏好和经验以及收入影响交通方式的选择。旅游者根据自身的实际情况，量入为出。当然，享受型旅游者相对来说比较注重游览价值以及舒适程度，因而更愿意选择航空和特种旅游方式。

第五节　旅游线路中的购物设计

一、旅游购物的概念

旅游购物是围绕旅游活动而产生的一种购买实物商品的行为。从不同的相关利益体出发对旅游购物含义的理解也会不同。国内学者对旅游购物的认识，主要区别在于旅游过程中是否包含其他与购物活动有关的如参观、游览、品尝等行为。

对于旅游购物的定义，理论界也没有形成统一的阐述。但是目前学界比较认同的是中国社会科学研究中心李明德先生的定义，他认为旅游购物是指"旅游者在准备阶段和旅游过程中购买各种实物商品的经济的、文化的行为，它不仅包括专门的旅游购物行为，还应包括旅游中一切与购物相关的行为的总和。但不包括任何一类旅游者出于商业目的而进行的购买，即为了转卖而做的购买。"这是比较全面和科学的定义。总之，旅游购物不仅仅是商品的购买活动，还包括参观、游览、娱乐等体验当地文化和传统的行为，这些行为共同构成一个完整的购物活动。

二、旅游购物的特点

旅游购物不同于日常生活中的一般购物，了解二者之间的差别，掌握旅游购物特有的发展规律，对发展旅游购物具有重要意义。

（一）旅游购物具有明显的波动性

旅游购物的主体是旅游者，而不是当地居民。旅游者是一个流动的群体，不像当地居民那样具有长期性和稳定性的特点，对同一种旅游商品重复购买的概率较低。旅游活动的季节性特点直接影响旅游购物，因此，旅游者数量在不同时间和地点表现出来的差异，使旅游购物具有较大的波动性。

（二）旅游购物追求旅游商品的抽象价值

一般商品的购买者是以日常生活为目的的，注重实用性和经济性。旅游者购物时则更注重商品的纪念性、艺术性、礼品性，对实用性方面则相对要求低一些。此外，旅游者对包装、造型也有独到的要求。

（三）旅游购物风险较大

旅游购物的风险大于一般购物活动，主要原因有两个方面，一是旅游者难以全面掌握旅游商品质量、价格等方面真实的信息，冲动购买和从众购买行为较多，购买决策未必理智；二是如果旅游商品出现问题，也难以像一般商品那样进行退换。

扩展阅读

纯玩团变购物团，北京游客不愿购物竟被导游扔在路边

（四）销售网点的布局不同

旅游商品的销售网点必须根据旅游者活动的特点进行布局，因此其网点主要设置在旅游城市的商业繁华地带、旅游景区（点）、名胜古迹附近和宾馆饭店及购物中心等地。

三、旅游购物场所的选择

一般情况下，旅游景区（点）的级别高低和分布集聚状况决定了其周围商店数目的多少，因为高级别景区（点）的客流量大、人口密度大，对商品的需求量也大。旅游者在旅游目的地短暂停留的时间内，匆忙地奔波于暂住地与各个景区（点）之间；散客主

要乘公共汽车沿公交线路移动；团队旅游者则不受公交线路的限制，沿主要的交通干线移动。因此，旅游商品零售店一般在各主要景区（点）外围，沿主要交通道路呈带状分布，并且同类商店相对集聚，大多分布在公交线路停靠点到景区（点）入口这一段道路的两侧。

而以吸引团队购物为主的旅游商品零售店主要分布在前往主要景区（点）的道路两旁，而且有些明显依托于某一景区（点）。因为地处往来景区（点）的主干道上可以节省旅行社的旅游交通费用以及旅游者的时间成本，对于商家来说，脱离景区（点）商业区，商铺的房租较低，可以降低营业成本。

旅游购物商店作为直接面向旅游者、为旅游者提供购物服务的重要场所，在社会经济和旅游业发展中起着重要的作用。旅游购物商店属于零售领域，目前各种零售业态的企业或个人进入这一领域，呈现出竞争激烈的市场格局。根据商店的主要目标市场和独立程度，旅游购物商店可以划分为以下三种。

（一）专营商店

专营商店是专门销售或主要销售旅游商品的商店，几乎全部的企业收入来自旅游商品销售，如我国的友谊商店、工艺美术品公司、文物商店、免税品商店等属于这种情况。作为独立的企业组织，专营商店的规模较大，经营的旅游商品档次较高，而且具有浓郁的民族文化和工艺特色，一般接待团队旅游者，拥有大型停车场或餐饮设施。

（二）附属商店

附属商店是指各饭店、景区（点）等旅游企业设置的商品部、商场、购物中心等，它是企业内部的一个部门。这些旅游企业本身有自己稳定的客源，旅游商店是增加企业收入的一个重要渠道。饭店是广大旅游者尤其是国外旅游者食宿的主要场所，因而饭店也就自然而然地成为旅游者购买商品极为方便的场所。为了满足旅游者包括购物在内的多方面需求，也为了增加饭店营业收入，绝大多数饭店设置了一些专门经营旅游商品的场所和设施。一般这类商店的规模不大，经营品种较少。

在经营中由于许多团体旅游者旅游的计划性较强，饭店商店可以预先了解到客人的人员构成状况及爱好，为组织货源、及时满足旅游者的购物需要提供有利条件。商店还可以与有关的旅游商品生产企业联系，生产一些印有饭店标志的旅游纪念品，这不仅有利于增加饭店经营收入，而且有利于进行促销活动。

旅游景区（点）商业店铺位于旅游景区（点）内或景区（点）周围，面向广大旅游者，为适应旅游者逗留时间短的特点，主要经营一些即食即饮的食品饮料、景区纪念品及土特产品等。为满足不同层次旅游者购物的需求，在旅游商品经营的档次上亦有较大差别，一些高档店铺还经营一些书画、古玩等旅游文化产品和工艺美术品。

（三）兼营商店

兼营商店是一种综合商店，与前两种类型不同，它是面向广大城市居民的社会商业，如大、中、小型百货商店、大型超市、购物中心、免税店等，一般综合经营各类商品，包括旅游商品。这类商店经营的商品虽不是以旅游商品为主，但大多数旅游者除在饭店、旅游景区（点）的商店等地购物之外，还要光顾城市的购物中心和繁华的商业街区。因为购物中心和繁华的商业街区代表了一个国家和地区的商业文化，是构成一个国家人文景观的重要组成部分。旅游者通过观光购物中心和商业街区，可以更加深刻地了解一个国家经济和社会发展情况，可以在繁华商业中心随心所欲地购买自己所需要的商品。因而，作为社会商业，虽然购物中心和繁华商业区的旅游商品销售收入在其全部收入中所占比重并不大，但它的绝对额却不小，在旅游商品经营中占有重要地位。如今，随着旅游的大众化发展，这类商店将会接待更多的旅游者，零售业的"旅游化"倾向不可忽视。

第六节　旅游线路中的娱乐设计

　　旅游娱乐是指旅游者在旅游活动中所观赏和参与的文娱活动。它是构成旅游活动的六大基本要素之一。游、娱是旅游者的目的性需求，而食、宿、行、购则是为达到目的所必备的日常生活性质的需求。旅游者的需求是变化的，"求乐"正在变成旅游动机的主流。旅游娱乐活动属精神产品，横跨文学、艺术、娱乐、音乐、体育诸领域。

一、旅游娱乐类型

（一）体育健身类旅游娱乐

　　快节奏的工作和生活使得人们处于高度紧张的状态下，人们希望将单调的日常锻炼变成富有乐趣的轻松活动，让健身锻炼变成"玩"，在快乐的气氛中获得身心健康的良好效果。体育健身类旅游娱乐项目主要包括健身中心、游泳馆、溜冰场、保龄球馆、高尔夫球场、网球场、台球馆、羽毛球馆等。

　　随着经济的发展，体育健身类活动由户外逐渐转向户内。我国居民常见的户外健身娱乐方式，如早晨到街心公园或广场进行的锻炼活动如散步、打拳、练功、慢跑、跳舞等，因为不具有旅游吸引力，也不能发展成为旅游娱乐项目，不属于此类。

（二）文化交际类旅游娱乐

　　文化交际类娱乐是人们进行自我调节、强调个性发展、进行情感宣泄的主要途径。随着旅游的文化产业地位不断突出，文化交际类旅游娱乐受到了越来越多的关注，成为旅游者的第一选择，是旅游娱乐的重要组成部分。文化交际类旅游娱乐场所主要有以观看演出和文化交流为主的演艺中心、影剧院、歌厅以及以参与节目和人际交流为主的酒吧、舞厅等。

由于这类型娱乐活动具有较高的文化内涵，旅游者实现这样的购买行为，除了具备购买动机，还受到信息流通程度、票价以及旅游者自身的文化修养等因素的影响。所以，文化交际类旅游娱乐具有良好的市场潜力，但是它的发展并不能一蹴而就。

（三）疗养保健类旅游娱乐

人们在享受旅游带来的轻松快乐的同时，同样希望能促进自己的身心健康。疗养保健类旅游娱乐符合现代人的消费方式，适合旅游者的需求，主要有温泉疗养、洗浴、足浴、推拿按摩、氧吧、森林疗养等。最近几年来，疗养保健类旅游娱乐项目发展迅速，逐步成为大众消费型旅游娱乐项目。

（四）休闲消遣类旅游娱乐

这种类型旅游娱乐项目由来已久，古人就通过游戏，如各种棋类、麻将、斗鸡、斗蟋蟀等来缓解身心。现在我们通过提供专门的场地和现代化设施设备，为旅游者营造舒适、轻松、温和的环境氛围，使旅游者不需要付出大量的体力和精力，却可以获得身心的绝对自由和放松。休闲消遣类旅游娱乐主要包括茶馆、咖啡馆、棋牌室、书吧以及各种手工艺作坊等。

（五）知识教育类旅游娱乐

寓知识于娱乐的场所给喜爱安静的旅游者提供了好的去处，"宁静以致远"，能够使旅游者获得身心的愉悦和精神上的满足。各类博物馆、图书馆、科技馆、阅览室、出版社、艺术沙龙以及各种文化学术交流活动等，都是知识教育类旅游娱乐场所的典型代表。将来，此类型的旅游娱乐会受到越来越多的人的喜爱。

（六）大型游乐类旅游娱乐

自 1955 年美国迪士尼乐园诞生以来，主题公园在全世界范围内蓬勃发展。我国的主题公园开端于 1989 年建成的深圳锦绣中华，此后各种类型的主题公园便在大江南北迅速蔓延开来。此外，以机械娱乐设施为代表的游乐园也成为旅游娱乐业的新秀。

大型游乐类旅游娱乐项目一般建立在大面积室内或室外固定场地以及大型设施设备上，并且与科学技术密切相关，给参与者带来刺激的快感。作为一种新兴的旅游资源，大型游乐类旅游娱乐深受各个阶层旅游者，特别是青少年的喜爱。这类型的旅游娱乐项目主要有各类主题公园、大型游乐场、水上游乐园、儿童乐园等。

（七）艺术追求类旅游娱乐

该类型旅游娱乐项目的开展具有特定的时间、空间以及市场指向性。例如人们为了观赏自己偶像的演出而特地到某地旅游，在旅游过程中参加旅游目的地影视节目的录制等。艺术追求类旅游娱乐项目主要有明星演唱会、艺术盛会、综艺节目等。该类型旅游娱乐项目能带给旅游者心灵上和精神上的满足，营利性强，但是由于大部分活动不具有长期性，也不具备专门固定的活动场所，因此作为旅游娱乐产品的开发具有偶然性。

（八）综合类旅游娱乐

人们外出旅游都希望能在有限的时间内获得最大的放松和快慰的精神享受以及身心平衡，并且不希望旅游交通占用太多的宝贵时间。综合类旅游娱乐场所主要有度假中心、农家乐、林家乐等。这些场所一般具有优美自然风光和为旅游者精心打造的舒适环境，集中分布着多种旅游娱乐项目，是兼具娱乐、度假和休闲功能的旅游方式。

 扩展阅读

"全济南 共探秘"华谊兄弟（济南）电影小镇首映之夜举办

2021 年 6 月 23 日，"全济南 共探秘"——华谊兄弟（济南）电影小镇首映之夜在济南市长清区电影小镇举办。

华谊兄弟（济南）电影小镇由济南城市建设集团与华谊兄弟公司共同开发。小镇将电影 IP 与城市 ID 深度结合，打造互动体验娱乐项目，综合多种表现手法，利用声、光、电等高科技手段，通过强化视听效果为游客带来沉浸式体验。值得一提的是，演艺项目以园区建筑为背景、园区街道为舞台、华谊影视 IP 为故事内容，真实还原电影拍摄现场，让游客置身其中，充分感受电影元素带来的魅力。

资料来源：边锋."全济南 共探秘"华谊兄弟（济南）电影小镇首映之夜举办[N]. 中国旅游新闻网，2021-06-24.

二、旅游线路设计中的旅游娱乐选择

（一）充分体现当地文化特色和民风民俗

文化本身是一个潜力巨大的产业。文化并不排斥商业操作，关键是寻找到一个最佳的契合点，寓文化于娱乐中，使娱乐产生文化韵味，做到雅俗共赏。当然，这里的"俗"不是指粗俗、低俗，而是指通俗、参与性强。唯有如此，旅游娱乐项目才具有吸引力，也容易形成市场规模。

许多少数民族地区结合当地民俗文化开发出的一些旅游娱乐项目，普遍受到了国内外旅游者的欢迎，特别是结合各种民族节日开发的旅游娱乐项目，有些已成为当地吸引旅游者的关键因素。例如，内蒙古草原上一年一度举行的"那达慕大会"，现已成为内蒙古举办草原民俗旅游节的一张"王牌"。云南西双版纳每年 4 月中旬举行的傣族泼水节，吸引了成千上万来自世界各地的旅游者。

（二）把握消费潮流，融入流行文化元素

旅游消费与时尚关系密切，流行文化往往是时尚的集中体现。旅游娱乐要想不断创新，始终吸引消费者的目光，就必须与流行文化紧密结合。换言之，就是要让旅游娱乐

项目具有时代色彩，反映当代社会文化、人们生活的价值取向和旅游的主流趋势。

例如，一些地方举办的各类"文化旅游节"，为吸引更多旅游者的参与，组织者通常会邀请一些演艺界的明星前来助阵，使旅游节成为万众瞩目的"娱乐中心"，从而营造出一种"普天同庆、万民同乐"的氛围，不仅提升了举办地的知名度，而且也扩大了旅游节的影响力。

（三）提高旅游娱乐从业人员的文化素养

领略不同地区的民族风情，是旅游者的旅游目的之一。人本身就是一道亮丽的风景线，因而旅游娱乐从业人员的文化素养高低、行为举止是否优雅等，对于旅游者能否获得满意的娱乐效果具有重要的作用。

生动有趣、吸引人的旅游娱乐项目和真诚、热情、淳朴、高效的接待服务二者相辅相成。即使再好玩的娱乐项目，如果服务人员态度恶劣、行为粗俗，也会使旅游者乘兴而来、败兴而归。所以，服务人员不仅要掌握一般的服务技能，还要有较高的文化素养，要对自己所服务的娱乐项目的历史渊源、文化内涵以及各种特殊技能（如"唱、舞、说、做"等）有良好的掌握。

为了更好地体现娱乐项目中原汁原味的民族风情，一些少数民族地区大量使用本民族人员担任服务接待工作，这是一种值得推广的好做法，但同时也必须提高他们的文化素养与服务技能。

（四）把握文化娱乐活动方向，杜绝不健康东西滋生

健康、文明、充满时代感和活力的旅游娱乐项目，可以充实旅游者的旅游活动内容，开阔旅游者的眼界，帮助旅游者进一步了解各地不同的风土人情，推动不同地区间的文化传递，甚至助推中外文化交流。

随着旅游业的进一步发展，文化习俗等因素对现代旅游活动的影响越来越深远。但是一些旅游目的地推崇的所谓民俗旅游，偏重歌舞厅、美容院、KTV 包房等设施的兴建，有的民俗旅游甚至不惜以色情、赌博招徕旅游者，这些都严重污损了民俗旅游地的社会环境，不利于民族旅游的健康长远发展。

案例讨论

丹东、凤凰山、大鹿岛三日游

 思考练习题

1. 旅游餐饮选择的原则是什么？

2. 结合实际，谈谈旅游饭店选址要考虑哪些因素。

3. 旅游线路设计中对旅游交通的基本要求有哪些？

4. 旅游线路设计中的旅游景区（点）选择的原则有哪些？旅游线路设计中选择旅游景区（点）要注意哪些问题？

5. 旅游线路设计中旅游娱乐的选择应注意哪些方面？

6. 结合自己的一次旅游经历，谈谈旅游活动与旅游相关产业的联系。

 实务操作

（从下列项目中选择一个项目进行实务操作）

项目1：走访本地3家酒店，总结出酒店的服务特色和客源特点。

项目2：结合自己家乡思考，可以开发哪些旅游娱乐活动？

第七章
旅游线路产品的市场营销

【学习目标】

随着旅游市场竞争日趋激烈，市场销售对于各个旅游企业来说显得尤为重要，现代旅游企业如果一直沿用传统的销售模式，没有针对不断变化的市场对销售模式进行调整和创新，那么陈旧僵化的销售模式必将阻碍经营业绩的提升和企业的进一步发展。因此，本章重点阐述了旅游线路产品销售中的价格、渠道以及促销策略。通过本章的学习：

1. 了解旅游线路产品的价格构成；
2. 掌握旅游线路产品的定价方法；
3. 熟悉旅游线路产品销售渠道的选择；
4. 掌握旅游线路产品促销的方法。

业界新闻

"拥抱海洋"青岛推介八大海洋研学旅游特色线路

5月25日，"拥抱海洋"海洋研学旅游产业促进活动暨中国（青岛）研学旅游创新发展大会在青岛召开。本次大会发布了青岛市文化和旅游局等六个部门联合印发的《关于推动海洋研学旅游高质量发展的指导意见》，明确要依托青岛"山、海、湾、城、河、文"旅游资源禀赋，围绕"丰富拓展海洋研学旅游产品和课程体系，整合规划海洋研学旅游线路体系，推动海洋研学旅游服务体系和人才体系建设"三大重点任务，持续提升青岛海洋研学旅游吸引力和竞争力，增强海洋研学参与者的体验感、获得感和幸福感，打造海洋研学旅游目的地城市品牌。

会上推介了青岛市八大海洋研学旅游特色线路，这些线路将海洋旅游元素与文化、生态、科技、工业等板块内容融合，整合串联中华人民共和国水准零点景区、青岛海昌极地海洋公园、青岛贝壳博物馆等29个旅游企业，打造不同主题海洋研学旅游产品。

青岛市文化和旅游局还在青岛市文化和旅游消费公共服务平台开通了研学旅游板块，汇集博物馆、纪念馆、旅游景区、研学旅游示范基地等研学旅游相关企业产品，给予购买产品的市民和游客单笔消费最高30%的政府补贴。

资料来源：肖相波."拥抱海洋"青岛推介八大海洋研学旅游特色线路[EB/OL]. [2021-05-25]. http://www.ctnews.com.cn/news/content/2021-05/25/content_104779.html.

第一节 旅游线路产品的价格策略

旅游线路产品的综合性、无形性、不可转移性、生产与消费的不可分割性、不可储存性以及易波动性等决定了旅游者对旅游线路产品质量的评价只有在旅游全过程完成之后才能作出。这就决定了在旅游者不了解旅游线路产品之前，价格将成为影响旅游者购买决策的主要因素。这要求我们仔细研究旅游消费者行为，认真制定旅游线路产品的价格策略。

一、旅游线路产品的价格构成

旅游线路产品价格是旅游者为了满足旅游活动的需要所购买的旅游线路产品的价格，是旅游线路产品价值的货币表现形式。旅游线路产品价格的作用包括促进旅游市场机制的正常运转、维护竞争的正常进行、防止旅游市场价格大起大落、保持旅游业稳定发展以及加强旅游市场价格管理、保护广大消费者的权益等。旅游线路产品价格构成的具体要素包括以下几点。

（一）出境旅游线路产品价格构成

（1）前往旅游目的地国的签证费及由其产生的杂费。

（2）旅游交通费，包括往返国内外的国际交通费、客源地城市与出境城市之间的交通费、旅游目的地国之间的交通费、旅游目的地国内城市之间的交通费，若乘飞机，必须包含所有的机场建设费、燃油税；旅游景区（点）内必须产生的交通费。

（3）旅游住宿费，包括旅游过程中产生的所有国内外住宿费用。

（4）旅游景区（点）门票费，包括旅游过程中旅游目的地国知名旅游景区（点），即旅游线路报价中所列收费旅游景区（点）的首道门票。

（5）旅游餐饮费，在报价中如果注明"含餐"则必须注明所包括旅游餐饮的具体次数、标准与种类（是指早、中、晚餐），否则报价中不许出现"含餐"字样。

（6）小费，包括所有旅游目的地国、城市应付小费的总和。

（7）综合服务费，包括领队费用、旅游目的地国家导游服务费用和组团旅行社的利润。

（二）国内旅游线路产品价格构成

（1）旅游交通费，包括往返旅游目的地的交通费，若乘飞机，必须包含所有的机场建设费、燃油税，旅游景区（点）内必须产生的交通费。

（2）旅游住宿费，包括旅游过程中产生的所有住宿费用。

（3）旅游景区（点）门票费，包括旅游过程中旅游目的地城市知名旅游景区（点），即旅游线路报价中所列收费旅游景区（点）的首道门票。

（4）旅游餐饮费，在报价中如果注明"含餐"则必须注明所包括旅游餐饮的具体次数、标准与种类（是指早、中、晚餐），否则报价中不许出现"含餐"字样。

（5）综合服务费，包括全陪、地陪、定点陪同等所需导游的陪同费用和组团旅行社的利润。

二、旅游线路产品的定价策略

（一）新产品定价策略

新产品在开发之后，旅行社应制定恰当的定价策略，以便及时打开销路，占领市场，并取得满意的效益。旅行社在将新产品投放市场时，一般采用取脂定价策略和渗透定价策略。

1. 取脂定价策略

取脂定价策略是指在旅游产品生命周期的投入期，旅行社以高价推出新线路产品，取脂定价主要适用于与老产品相比具有明显优势的新产品，其销售对象是收入较高、对价格不敏感、具有求新和猎奇动机的旅游者。这种策略有利于旅行社尽快收回开发新线路产品的费用和初期投入较高的成本，也为旅行社降价留有余地。

2. 渗透定价策略

渗透定价策略又称薄利多销策略，是指旅行社在旅游线路产品上市初期，利用消费者求廉的消费心理，有意将价格定得很低，使新产品以物美价廉的形象吸引顾客、占领市场，以谋取远期的稳定利润。在旅行社对市场有一定程度的控制后，再逐步调高价格。

（二）心理定价策略

心理定价策略是旅行社利用旅游者对价格的心理反应，刺激旅游者购买旅游线路产品的产品定价策略。常见的心理定价策略有以下几种。

1. 尾数定价策略

尾数定价策略又称奇数定价策略，是利用旅游者喜欢带尾数价格的心理而采取的产品定价策略。不少旅行社认为，旅游者在购买旅游线路产品，尤其是单项服务产品时，从习惯上乐于接受尾数价格而不喜欢整数价格。因此，旅行社经常在定价时给其产品规定带尾数的价格，使旅游者获得一种享受折扣优惠的印象。尾数定价策略多适用于散客旅游产品和单项旅游服务产品的定价。

2. 整数定价策略

整数定价策略适用于价格较高的旅游线路产品如豪华旅游、团体全包价旅游等。整数定价策略容易使购买这类产品的旅游者产生"货真价实""一分钱一分货"的感觉，有利于提高产品的形象。

3. 声望定价策略

声望定价策略多见于在旅游市场上享有较高声望的旅行社及其旅游线路产品。采取声望定价策略的旅行社一般将其线路产品的价格定得高于多数旅行社。然而，由于旅行社及其产品的声望，旅游者能够接受这种高价格，而且还会产生一种购买到优质产品的感觉。

三、旅游线路产品定价方法

（一）成本导向定价法

1. 成本加成定价法

成本加成定价法是指将单位产品的变动成本总额和一定比例的利润加在一起后确定产品价格的定价方法。其计算公式为

单位产品价格 = 单位产品变动成本总额 × （1 + 利润率）

2. 目标利润定价法

目标利润定价法又称投资回收定价法，是指旅行社为在一定时期内收回投入企业的资金而采用的一种定价方法。首先，旅行社为所投入的资金确定一个回收期限。然后，根据投资额和回收期限计算出目标利润率和目标利润额。最后，根据目标利润额、固定成本、单位产品变动成本和预期销售量制定出产品的销售价格。其计算公式为

$$单位产品价格 = \frac{固定成本}{预测产品销售量} + 单位产品变动成本 + 单位产品目标利润$$

$$单位产品目标利润 = \frac{产品目标利润总额}{预期产品销售量}$$

目标利润定价法的优点是旅行社可以通过这种定价方法保证实现既定的目标利润和目标收益率，在预定的回收期内收回投资，从而保护了投资者的利益。然而，同成本加成法的定价方法一样，目标利润定价法也是一种从保护旅行社的利益角度制定旅游线路产品价格的方法，没有充分地考虑到市场需求和竞争的实际情况。

此外，这种方法是以预测的产品销售量为基础计算产品价格，而旅行社的旅游线路产品是需求弹性大的产品，其销售量往往取决于产品的价格。因此，用这种方法计算出来的产品价格难以确保预测的销售量得以实现。

3. 边际贡献分析定价法

这种定价方法又称变动成本定价法，是指旅行社所制定的旅游线路产品价格应包括变动成本（直接成本）及对固定成本的边际贡献的定价方法。这种方法主要用于同类旅行社线路产品供过于求、市场上卖方竞争激烈、客源不足的时期。旅行社为了保住市场

份额，维持企业的生存，必须采用这种暂时不计固定成本，以较低价格吸引客源的方法，以图在今后逐步扭转局面。其计算公式为

单位产品价格=单位产品变动成本+边际贡献

单位产品价格>单位产品变动成本

这种定价方法的优点是使旅行社在市场条件不利的情况下仍能保住市场份额，并随时可根据市场需求和季节的变化对价格进行调整，具有较大的灵活性。这种方法的缺点是使旅行社蒙受一定的利润损失。另外，由于线路产品的变动成本经常因旅游服务供应市场变化而发生变动，迫使旅行社不断地重新计算和调整线路产品的价格。

（二）需求导向定价法

1. 理解价值定价法

当一种产品投放到旅游市场时，消费者会根据此旅游线路产品的市场形象和自己所听、所见的宣传进行心理定位。当线路产品的价格与他们的理解价格一致时，他们才会积极购买。因此旅行社必须进行深入的市场调查和预测，从而正确判断市场的理解价值。有时候旅行社线路产品的价格可能远远高于其价值，但如果旅游者认为物有所值，他就会接受这一价格。

2. 差别定价法

旅游者对旅游线路产品的需求程度和对旅游线路产品价值的认识会有所不同，旅行社可以根据销售对象和销售地区的不同，对同一产品、同一服务制定出两种或两种以上的价格。

（三）竞争导向计价法

1. 随行就市定价法

随行就市定价法是指旅行社通过对市场竞争、市场需求及旅游者的反应的不断监测，以随机的方式对旅游线路产品价格进行相应调整，以期在可能的范围内获得最大利润的定价方法。

这种定价方法充分考虑了市场竞争的因素和旅游者的反应，所制定出的旅游线路产品价格容易为旅游者所接受，并能够使旅行社在市场竞争中取得优势地位。这种定价方法的不足之处是：旅游者的态度因受众多因素影响而不断变化，从而导致旅行社在判断旅游者态度方面困难很大；旅行社无法预测旅游线路产品的销售量和经营利润；旅行社采用随行就市定价法与其他同类旅行社竞争，容易引起竞争对手的报复，从而导致恶性削价竞争的局面。

2. 追随企业核心定价法

这种定价方法是指旅行社以市场上的核心企业或者起主导作用的企业为参照对象来确定旅游线路产品的价格，并随它的价格变化来调整本企业的价格。

第二节　旅游线路产品销售渠道的选择

一、旅行社线路产品直接销售渠道

直接销售渠道又称为零环节销售渠道，是指在旅行社和旅游者之间不存在任何中间环节，旅行社将旅游线路产品直接销售给旅游者的一种分销渠道。直接销售渠道一般分为两种形式：旅行社直接在当地旅游市场上销售其旅游线路产品；旅行社在主要客源地区建立分支机构，通过这些机构向当地居民销售该旅行社的线路产品。

直接销售渠道是一种产销结合的产品销售方式，其优点有如下几点。

1. 简便

旅行社直接向旅游者销售其线路产品，手续简便，易于操作。

2. 灵活

旅行社在销售过程中可以随时根据旅游者的要求对线路产品进行适当的修改和补充。

3. 及时

旅行社通过直接向旅游者销售线路产品，可以及时将旅行社开发的最新线路产品尽快送到旅游者面前，有利于旅行社抢先于其竞争对手占领该线路产品的市场。

4. 附加值高

旅行社在销售某项旅游线路产品时可以随机向旅游者推荐旅行社的其他相关产品（如回程机票、车票、品尝地方风味等），增加线路产品的附加值。

5. 销售成本低

直接销售渠道避开了横亘在旅行社和旅游者之间的中间环节，节省了旅游中间商的手续费等销售费用。

直接销售渠道的主要不足之处是覆盖面比较窄和影响力相对差。旅行社受其财力、人力等因素的限制，难以在所有客源地区均设立分支机构或销售点，从而使旅行社在招徕客源方面蒙受不利影响，而且经营风险大。

 扩展阅读

试水直播带货　开展差异化线上营销

新冠肺炎疫情暴发初期，不得不"闭门谢客"的旅游企业开启网上直播。上海匹匹扣国旅 CEO 李爱玲在两个月左右的时间里迅速完成了从"临时客串"到"网红主播"的蜕变。如今，她的直播累计有 300 多万人次观看。近一个多月的时间里，每天下午 4点，她都会出现在抖音直播间，为观众带来一个小时的直播。前半小时分享近期的市场动态，后半小时介绍售卖的土特产以及背后的小故事。

目前，李爱玲运营着两个直播平台：抖音和有播。前者属于公共流量，吸引新粉丝；后者则是服务于业内合作伙伴的。通过抖音直播吸引新客户，不断扩大匹匹扣国旅网上平台——旅游圈的合作版图，开播一个月以来，吸引了3 800多位旅行社行业的专业粉丝。

在有播直播间，李爱玲面对的是"火眼金睛"的同行。"线路、酒店等产品灵不灵，他们一看就知道。但是涉及土特产，同行们的了解就很有限了。"在直播间，李爱玲在展示土特产品的同时，也在对同行进行培训。B端用户成了分销达人，旅游圈平台"带货"的能力和销售量自然不断攀升。

2020年3月14日，上海市文旅局发布《关于本市旅游企业恢复部分经营活动的通知》，匹匹扣国旅马上设计了"特产寻宗"系列产品，带领游客实地探访，亲眼见证那些特色美食的"诞生之旅"，该产品将旅游、文化、健康、美食相结合，感受每个旅游目的地背后深厚的文化底蕴。

资料来源：丁宁，赵垒，程芙蓉，等. 恢复部分业务旅行社动起来了[N]. 中国旅游报，2020-04-02.

二、旅行社线路产品间接销售渠道

间接销售渠道是指旅行社通过旅游客源地旅行社等中间环节将旅行社旅游线路产品销售给旅游者的途径，主要有广泛性策略、专营性策略、选择性策略。

（一）广泛性策略

广泛性策略是一种以建立广泛而松散的销售网络为手段，扩大产品销售量的分销渠道策略，其目的是建立一个由大量旅游中间商组成的销售网络。在这个网络里，旅行社与其合作伙伴达成默契，由后者向前者提供客源，并由前者根据销售额给予后者一定的报酬。双方之间不存在严格的相互约束关系。前者可以接待由销售网络以外的旅行社所组织的旅游者，后者也可以向前者的竞争对手提供客源。

1. 广泛性策略的优点

1）销售范围广

旅行社可以通过客源地较多的旅游中间商推销其线路产品，方便旅游者的购买，有利于扩大线路产品的销售范围。

2）联系面大

旅行社通过客源地众多的旅游中间商进行线路产品销售，有利于加强同广大旅游者及潜在旅游者的联系，能够逐步树立起旅行社在广大旅游市场上的形象。

2. 广泛性策略的缺点

1）销售成本高

旅行社必须和客源地大量的旅游中间商保持联系，无论后者提供多少客源，旅行社都必须经常与他们保持联系，并因此花费大量的通信费用和其他销售费用，提高了产品的销售成本。

2）合作关系不稳定

广泛性策略对旅行社及其合作伙伴均无严格的约束，双方只是根据各自获利的情况来决定是否继续合作，难以保持稳定的合作关系，并导致旅行社产品的销售量不稳定。

（二）专营性策略

专营性策略是指旅行社在一定时期、一定地区内只和当地一家旅行中间商建立合作关系，双方互为对方在当地的独家代理或总代理，而且作为总代理的中间商不能同时代销其他竞争对手的产品。换言之，前者只向后者提供产品，后者则只向前者提供客源，双方均不得在当地同对方的竞争对手进行业务往来。

1. 专营性策略的优点

1）销售成本低

由于旅行社在一个地区或国家只和一个合作伙伴发生业务往来，所以通信、业务谈判等产品销售方面的费用比广泛性策略节省很多，有利于销售成本的降低。

2）合作关系稳定

专营性策略对双方都具有较强的约束力，同时双方的经济利益比较一致，能更好地相互支持与合作，使合作关系比较稳定。

2. 专营性策略的缺点

1）市场覆盖面窄

专营性策略要求旅行社在一个市场只能选择一个合作伙伴，是一种排他性的销售方式。这样，旅行社就无法接触该地区的其他旅游中间商。旅行社产品的销售量受到合作伙伴经营能力的严格限制，不利于扩大产品的销售范围。

2）风险大

采用专营性策略的旅行社完全依赖其合作伙伴在客源市场上进行产品销售。如果后者经营失误，前者就可能蒙受一定的经济损失。

（三）选择性策略

选择性策略是指旅行社在一个市场上仅选择少数几个在市场营销、企业实力、信誉和市场声誉等方面具有一定优势的旅游中间商作为合作伙伴的策略。

1. 选择性策略的优点

1）销售成本低

由于构成分销渠道的合作伙伴数量较少，所以同广泛性策略相比，旅行社用于销售方面的成本较低，有利于增加旅行社的利润。

2）市场覆盖面宽

和专营性策略相比，选择性策略所接触的旅游者更为广泛，从而使旅行社的产品能够在当地市场上具有较宽的覆盖面。

３）合作关系稳定

选择性策略的合作伙伴同旅行社的业务往来比较多，双方在产品经营方面有着共同的业务兴趣和经济利益，因而在选择性策略中双方的合作关系比较稳定，很少会发生广泛性策略常见的合作伙伴"跳槽"现象。

2. 选择性策略的缺点

１）实行难度大

旅行社产品在旅游市场上经常处于买方市场，旅行社寻找理想的合作伙伴难度较大。

２）具有一定风险

如果旅行社选择的合作伙伴不当，可能对产品销售造成不利影响。

（四）旅游中间商的管理

旅游中间商，是指从事转售旅游企业产品，具有法人资格的经济组织或个人。旅行社在选择旅游中间商时，应对其地理位置、目标市场、合作意向、信誉、声誉等进行考察。旅行社选定旅游中间商后还需要有效的日常管理，主要包括建立客户档案、及时沟通信息、实施客户评价、采取折扣策略和适当调整客户五项内容。

1. 建立客户档案

旅行社应该建立起完整的客户档案，客户档案应按照旅游中间商的名称建立。旅行社在档案中记录每一个旅游中间商的历史和现状，输送旅游者的人数、频率、档次，欠款情况，付款时间等信息。通过对这些信息的分析和研究，旅行社销售人员能够对不同旅游中间商的能力、信誉、合作程度、合作前景等作出判断和预测，并据此对他们分别采取相应的对策。

2. 及时沟通信息

及时沟通信息是旅行社加强对旅游中间商管理的重要措施之一。旅行社及时向旅游中间商提供各种产品信息，有助于旅游中间商提高产品推销的效果。同时，旅行社也能够根据旅游中间商提供的市场信息改进产品的设计，开发出更多的适销对路产品。

3. 实施客户评价

旅行社应对客户档案中的信息进行评价，以掌握每一位旅游中间商的现实表现及合作前景。客户评价应包括以下几方面。①积极性。客户的积极性是配合旅行社销售工作的最好保证。许多旅行社产品是由旅游中间商卖出去的，其积极性直接影响着销售效果。②经营能力。经营能力的强弱标志着旅游中间商销售能力的大小，也直接影响旅行社产品的销售业绩的好坏。旅行社在衡量客户经营能力时应重点考察其经营手段的灵活性、经营管理能力和市场覆盖面等多项指标。③信誉。旅游中间商的信誉是旅行社与其合作的基础，旅行社必须密切注意客户的信誉状况。

4. 采取折扣策略

折扣策略是以经济手段鼓励旅游中间商多向旅行社输送客源，调节旅游中间商输送旅游者的时间或鼓励旅游中间商及时向旅行社付款，以避免不良债权的重要方法。折扣策略包括数量折扣策略、季节折扣策略和现金折扣策略三个类型。

5. 适当调整客户

旅行社在管理旅游中间商的过程中还可以根据旅游市场、旅游中间商和旅行社的自身发展等因素的变化，对与之合作的旅游中间商做适当的调整。当出现下列情形之一时，旅行社应该对旅游中间商进行调整：旅游市场发生变化、旅游中间商发生变化、旅行社自身发生变化。

第三节　旅游线路产品的促销

旅行社产品促销是指旅行社为了鼓励消费者购买自己的旅游产品，运用各种推销方法与手段，将旅游产品的有关信息及时传递给客源市场中间商和潜在的旅游消费者，从而促进旅游产品销售、实现旅游产品价值的过程。

由于我国旅行社行业发展起步比较晚，企业规模普遍太小，市场机制不很完善，行业管理也欠规范，因此，旅游产品促销特别依赖价格竞争，从而导致大部分旅行社恶性削价、微利经营。进入 21 世纪以后，随着我国旅游行业的不断发展，越来越多的旅行社开始注重研究旅游者的消费需求心理，对于不同消费者的兴趣、偏好、欲望等特定需求采取多种多样的促销策略，有针对性地与中间商和潜在消费者进行信息沟通。

在促销活动中，引入旅游电子商务等新兴营销方式，既可以减少买卖双方的时间耗费，又可以降低费用、节省开支。在接待服务过程中，也把提高旅游者满意度作为产品促销的重要竞争手段，营造旅游活动全过程的轻松愉快气氛，努力让消费者产生难忘的经历，获取美好的体验。

一、旅行社产品促销的具体作用

（一）提供旅游信息，沟通供求关系

信息是旅游者从事旅游活动的前提。只有通过旅游产品的信息传递，才能唤起消费者的购买欲望。所以，旅行社产品促销活动，必须以争取旅游消费者为目的，以景区（点）推介为中心，以旅游设施为实现条件，以各种服务为必要手段，为潜在的旅游消费者提供全面而又准确的信息资料。

（二）刺激旅游需求，引导旅游消费

旅行社高水平的促销活动，不仅可以使旅游消费者的潜在欲望顺利转化为现实需求，而且能够创造出新的旅游需求，增加旅游消费总量。例如，广东省口岸旅行社以赠送风光录像带、风景图片、旅游海报、景观挂历、举办名山大川明信片展览等方式，深

入各个潜在客源单位，激发人们的旅游兴趣，取得了引导消费、创造需求的明显效果。

（三）突出产品特色，强化竞争优势

旅行社同类产品之间可替代性较强，旅游消费者一般难以区分，而促销活动则是借助各种传播工具实现宣传、介绍旅游产品的主要途径。通过对同类旅游产品某些差别信息的强化宣传，对不同具体产品起到聚焦和放大的作用，从而能够更加突出产品特色，并由此使潜在消费者产生偏爱行为，最终强化旅行社自身的竞争优势。

（四）树立良好声誉，巩固市场地位

在竞争日趋激烈的市场环境中，做好旅游产品促销工作，可以使旅行社赢得更多潜在顾客的青睐，有利于其在目标市场上树立良好的声誉和形象，并且能够在残酷的市场竞争中胜出。旅游市场风云变幻，一旦出现环境威胁因素，旅行社可以通过有效的宣传促销手段，改变自身消极的公众形象，重新建立良好声誉，以恢复稳定甚至不断扩大其市场份额，并达到取得良好经济效益的目的。

二、旅行社产品的促销策略

旅行社产品促销的策略很多，但如果对其分门别类地加以总结，主要包括广告促销、直接促销、营业推广和公共关系四大系列。

（一）广告促销

广告促销就是通过一定的媒体，将旅行社产品介绍给潜在消费者，激发其购买欲望，促进旅游产品销售，提高旅行社经营效益的宣传推介活动。广告促销具有传播速度快、覆盖范围广、利用手段多、宣传效果好等许多优点，因此，它是旅行社产品促销中使用最频繁、最广泛的一种促销方法。旅游产品促销广告根据使用媒体的性质不同，又可以分为自办媒体广告和大众媒体广告两种基本类型。

1. 自办媒体广告

自办媒体广告根据其所凭借的媒介物不同，可以分为广告宣传单、户外广告牌以及印有旅行社信息的纪念品三种常见的具体形式。

1）广告宣传单

广告宣传单有单页宣传单、折叠式宣传单以及各种各样的宣传小册子，由专人在公共场所散发或在公共广告栏内张贴。广告宣传单具有信息量大、内容介绍比较详细、制作与传播成本低廉等许多优点。

2）户外广告牌

户外广告牌是一种影响力较大的自办媒体广告，其位置一般选择在飞机场、火车站、长途汽车站以及水运码头等流动人口频繁出入的公共场所、公路侧旁、建筑物顶部等醒目地带。广告牌制作要求文字简洁、语言生动、字体大小适当，并配备相关彩色图片。

另外，旅行社应加强对户外广告牌的维护，确保完好无损，否则就会影响视觉效果。

3）印有旅行社信息的纪念品

现在有许多旅行社通过载有企业或产品信息的旅游纪念品进行宣传促销。旅行社可以向消费者赠送印有自己名称、主要产品、通信地址以及电话号码等内容的旅行包、太阳帽以及 T 恤衫等纪念品。旅游者在日常生活中携带这些纪念品出入各种公共场所时，无疑就为旅行社做了免费的广告宣传。

2. 大众媒体广告

在现代社会生活中，各种类型的大众媒体特别多。除了人们常说的电视、报纸、杂志和广播电台四大传统大众媒体外，如今又新增加了网络这种极其重要的大众传媒。

1）电视

在当今的大众媒体中，电视广告促销对潜在消费者的影响最大。电视作为旅游宣传媒体的优点是视听共存、图文并茂、传送及时、真实生动、覆盖面广、效果明显。不足的地方就是播放时间短，潜在消费者看到广告多属偶然，而且制作技术难度大，成本费用高，级别越高的电视台广告收费越贵。所以，一般中小旅行社是没有能力负担昂贵的电视广告费用的，目前只有少数大型旅行社在地方电视台的特定旅游频道进行电视广告宣传。

2）报纸

报纸一般可分为全国性报纸、地方性报纸和专业性报纸三大类。报纸广告的价格各不相同，旅行社应根据旅游产品的不同目标市场与自身的财力状况来选择不同的报纸作为广告宣传媒体。

报纸作为旅游广告媒体的优点是传播面广、使用率高、受众对广告内容比较信任，且费用相对较低，大多数旅行社财力均可承受。缺点就是版面太多、内容繁杂，如果广告刊登不太显眼，较难引起读者注意。

3）杂志

杂志广告是一种以一定阶层读者为宣传对象的特殊媒体，具有针对性强、保留时间长、制作质量好、信息量特别大等优点。尤其是旅游专业杂志，旅游消费者往往对其介绍的产品信息信赖度较高，是旅行社针对具体目标市场开展广告宣传促销的理想工具。不足之处就是出版周期太长、费用较高，并且传播范围有限。

4）广播电台

广播电台广告是一种以地方性受众为主要宣传对象的传统媒体，具有信息播送快捷、重复率高、价格低廉等优点。其缺点是播放的声音转瞬即逝，不能产生视觉效果，很难使信息在听众头脑中长久保留。并且随着其他传播媒体的普及，广播电台的听众越来越少，因而选择广播电台刊登旅游产品广告的旅行社并不多见。

5）旅游网站&App 开发

旅游网站是 21 世纪新兴的一种现代化电子媒体广告，具有信息传播速度快、覆盖面特别广、形式灵活多变、易于在青年人和广大知识分子中造成影响等诸多优点。自从电子商务应用到我国旅游经营领域以后，网络促销已经成为许多旅行社，特别是拥有国际旅游经营业务的大型旅行社一种极为重要的促销方法。这些旅行社通过在著名网站付费建立自己的网页，宣传介绍旅游产品，发布各种优惠信息，以实现产品促销目标。

各大旅行社都不断地竞争，而开发旅游 App 软件是一种全新的营销手段。旅游 App 软件开发的功能主要有以下几点：用户分享，用户可以分享自己的行程，还有旅途中的趣事；景区（点）信息介绍，包括商家优惠等；旅游景区（点）导航，方便路痴找到景区（点）；出行车票优惠，包括汽车、飞机、火车等；预订酒店，用户可以通过旅游 App 软件提前预订酒店，准备好住宿事宜。

扩展阅读

短视频：旅游市场"种草机"

（二）直接促销

直接促销就是指旅行社通过直接与旅游中间商或潜在消费者进行接触来推动旅游产品销售的过程。直接促销是旅行社产品促销的重要方法，具有联系紧密、机动灵活、反馈及时、选择性强等主要特点，有利于确立同消费者之间的良好关系。直接促销主要有人员推销、电话促销、直接邮寄促销、文化广场促销、旅游大篷车促销和会展促销等几种形式。

1. 人员推销

人员推销是旅行社在旅游旺季来临之前或者推出新的旅游线路的时候，派出外联人员直接上门介绍和推销旅游产品的促销行为。由于受到推销费用的制约，国际旅行社在派人员出境推销方面一般采取比较慎重稳妥的态度。但国内旅行社每年一般需要派出外联人员主动上门向客户旅行社推销 2～3 次。

对于新组建的旅行社，更是需要派员到主要客源目标市场进行产品促销。人员推销一般以联络感情、达成合作意向为主要目的，能够草签合作协议那就更好。至于具体的旅游产品销售，双方需要通过电话协商和网络确认来进行。

2. 电话促销

电话促销的优点是及时方便、针对性强，能够与客户进行直接交流。缺点是长途通信费用比较昂贵，无法形成文字或者视觉效果，对交易双方约束力不强，导致促销成功率不高。

电话促销一般用于向国内重点老客户推出新产品，或者通过电话向重点老客户征询对产品与服务的意见，解答客户的各种询问，说服客户大量购买本社产品等环节。由于电话通信费远高于直接邮寄费，且缺乏可信任感，并且潜在客户对电话促销一般反应不强烈，故对待新客户不宜采用电话促销方式，更不宜用于国际旅游产品促销。

3. 直接邮寄促销

旅行社将旅游产品信息宣传资料通过邮寄方式发送给客户旅行社或者潜在消费者

称为直接邮寄促销。旅行社可以将产品线路、价格条件、优惠措施、组织方式、通信联络等详细资料，甚至可以加上景区（点）的宣传图片，一并邮寄给潜在客户。

假如对方刚好有旅游消费需求意向，那么就会主动联系，然后双方进一步协商，最后促成产品销售。直接邮寄促销的优点是成本费用低廉，存在投入少而收益高的机遇，正是如此，几乎所有旅行社都愿意采用这种促销方式。但其缺点也是显而易见的，绝大多数邮寄资料就像泥牛入海，不见回音，因此，促销成功的概率非常低。

4. 文化广场促销

随着城市规模的不断扩大，城市建设和管理的水平也大大提高，一些新型文化娱乐设施大量涌现。近年来，许多城市兴建了大型的中心文化广场，以供人们在工作之余散步、休闲和娱乐。那么，旅行社就可以在文化休闲广场中树立大型电子屏幕，用电子荧屏不间断地播放旅游产品广告信息，或者在广场举办促销宣传文艺演出，附带散发旅游产品信息资料。这种促销方式的优点是易造声势，且成本费用较低，缺点则是针对性不强，无法选择受众。

5. 旅游大篷车促销

旅游大篷车宣传是常见的联合促销方式之一，它一般由旅游行政主管部门牵头，各旅游企业参与，乘坐旅游大巴或旅游专列巡游于旅游客源市场，或跨市、跨省，在主要城市通过多种手段大张旗鼓地开展促销活动，散发旅游宣传资料，解答潜在消费者的各种提问。

旅行社参加旅游大篷车宣传可以节约促销开支，利用政府的高信誉度，扩大企业影响。但旅游大篷车往往只能起提高旅行社知名度、引起消费者旅游兴趣的作用，很难在当场促成交易，所以，主要着眼点应该放在未来。

6. 会展促销

每年国际与国内都会举办各种形式的旅游展销会，旅行社在展销会上租用展台进行促销是开辟新市场的重要促销方法。由于出席旅游展销会的代表均为业内人士，这种促销方法就节约了大量的外联差旅费用，为旅行社会晤老客户、增进老交情以及广交新朋友、建立新友谊提供了良好平台。因为出境外联成本非常高，我国香港等地的旅游展销会就应运而生，成为我国经营海外旅游业务的国际旅行社首选的促销阵地。

 扩展阅读

旅行社创新谋变迎挑战 季节促销花样多

秋冬季旅游市场一直是海南旅行社瞄准的重点市场。采访中，多家旅行社、OTA平台表示，"眼下，我们不但推出了多项暑期季末促销活动，更积极谋划部署秋冬季旅游市场，提前'造势'"。

据了解，随着周边游常态化，携程的海南门票业务板块计划围绕海南周边游市场，

以亲子人群及年轻群体为目标客群，开展景区门票预售营销活动，以短途周边游带动海南旅游市场的有序复苏。

去哪儿在"暑期嗨玩季"季末大促中，针对亲子游、年轻人、家庭游三类群体，精准推荐海南优惠优质产品，以尾单错峰价吸引用户下单。同时推出"放暑价1块嗨一夏"爆款好券，通过用户分享商品助力砍价，可获得大额爆款好券，如1元有机会购买海航自由飞产品、99元有机会购三亚亚特兰蒂斯酒店水世界2 436元度假券等。

美团相关负责人表示，将专门推出海南专场美团一千零一夜旅行直播项目，利用美团自身资源，帮助商家聚流量、扩声量、冲销量。同时提供疫情专享"0"元坑位权益，通过预售模式，提前锁定用户需求，助力旅游消费市场复苏。

飞猪大力开展产品营销，如推出飞猪开荒记——发现海南小众新奇玩法，通过新玩法来"种草"引流；结合海南秋季出行特色，通过"开荒侠"主播"发现海南小众线路""创造热门景点跨界玩""解锁海南酒店隐藏技能"等。在飞猪目的地POI（小众目的地）页面宣传推荐海南旅游的同时，进行全网分发，提升海南热度，让用户更多"遇见海南"，并结合"飞猪超级榜单"打造"海南双11旅行尖叫榜"。

资料来源：丁宁，边锋，李强，等. "熔断"机制下，旅行社创新谋变迎挑战[EB/OL]. [2020-08-26]. https://new.qq.com/omn/20210826/20210826A07DO500.html.

（三）营业推广

在市场营销学中，营业推广又称销售促进，它是指对中间商、潜在消费者以及本企业销售人员提供短期激励，以达到促成购买或努力销售的各种行为活动。对于旅行社产品促销来说，营业推广的作用也是非常明显的，其手段也相当多。在这里，我们重点介绍价格促销、礼品促销、竞赛促销和踩点促销四种形式。

1. 价格促销

价格促销是指旅行社通过短期内降低产品价格来吸引潜在旅游者和客户旅行社的一种促销方法。营业推广的价格促销不同于旅行社因市场需求变化而采取的降价行为。价格促销是旅行社采取临时性的价格下调来吸引消费者的注意，并刺激消费者在特定的时间内大量购买某种旅游产品的行为。当消费者对产品产生良好印象之后，旅行社还会将价格复原。旅行社的价格促销多集中在节假日以及新产品试销等特殊的时间段。

2. 礼品促销

礼品促销是旅行社营业推广的另一种常见形式。旅行社可以赠送消费者各种各样的纪念品和土特产，在这些小礼品上一般都印有旅行社名称、详细地址、联系方式等具体内容。在赠送礼品的时间选择上，既可以在旅游购买活动之前或者旅游消费结束之后顺便赠送，也可以在逢年过节或者重大庆祝活动的时候上门特意赠送。

礼品选择上要讲究深刻内涵和良好寓意，具有代表性或纪念意义，千万不能太过庸俗。通过这些礼品赠送活动，旅行社能够收到对其自身及产品进行宣传的良好效果。

3. 竞赛促销

竞赛是旅行社经常用到的营业推广促销的一种形式，如针对某项旅游产品知识的有奖竞赛、关于某个旅游目的地情况的有奖竞赛等。在举办这种竞赛时，旅行社通常提供具有一定价值的奖品作为奖励。通过参加竞赛，公众对于举办竞赛的旅行社及其产品一定会产生深刻印象，并可能因此获得好感，有利于旅行社产品在后续时段的销售。

旅行社举办各种竞赛时，需要注意内容和形式的群众性、知识性和趣味性，并且参加的人数越多，影响面就越大，竞赛促销的效果也就越好。

4. 踩点促销

由于客户旅行社对推出的新产品心中没底，一般均要求先行踩点。邀请对方前来踩点以达到促销目的，是目前许多旅行社经常采用的流行做法。踩点一般有两种具体形式：一种是利用旅游目的地的各种节庆活动，邀请所有重要客户统一前来进行踩点；另一种是当客户旅行社提出踩点要求时，个别邀请客户前来踩点。通过踩点，对于新开辟的旅游线路，帮助其扩大影响、增加销售还是十分有用的。

（四）公共关系

公共关系是指旅行社通过信息沟通，建立与社会、公众以及消费者之间的良好关系，维护企业及其产品形象，营造有利于企业的经营环境的一系列措施。目前，我国旅行社经营的社会软环境不够理想，旅游质量投诉事件过多，各种负面报道影响较大，因此，采用公关手段十分必要。旅行社公共关系主要有新闻媒体公关和社会公众公关两大类型。

1. 新闻媒体公关

由于社会公众一般倾向于认为新闻报道比较客观公正、真实可靠，各种广告所传达的信息可信度较低，如果能撰写一些正面的新闻报道或者旅游线路推介文章，让各大新闻媒体竞相采用的话，它所带来的效应以及产生的价值远比花费数十万甚至上百万的广告还要大。诚然，正面的、积极的新闻报道对于宣传推广产品，树立品牌形象，作用十分明显，但是，负面的、消极的新闻报道也同样能够摧毁一个品牌，搞垮一家企业。所以，旅行社必须展开新闻媒体公关活动，慎重处理好与各种新闻媒体之间的相互关系。

2. 社会公众公关

社会公众公关具体可分为针对顾客、针对本企业员工和针对旅游目的地公众的各种公关活动。其内容主要包括：注重服务质量，高度重视并妥善处理旅游者投诉；及时与员工沟通，关心员工生活及其职业发展，增强员工的归属感、自豪感和向心力；赞助各种公益事业，参加各种社会活动，担负一定社会责任；与政府主管部门、行业团体以及协作单位建立友好关系；在业务开展过程中，做到诚信经营、公平竞争、依法行事、合理盈利，等等。

案例讨论

疫情期旅游营销如何做

思考练习题

1. 出境与国内旅游线路产品的价格构成有何异同?
2. 旅游线路产品定价应基于怎样的原则?
3. 旅游线路产品的间接销售渠道包括哪些类型?
4. 新媒体促销在旅游线路产品销售中如何应用?
5. 旅游线路产品促销有哪些重要意义?

 实务操作

(从下列项目中选择一个项目进行实务操作)

项目 1:请为你所在的城市设计"十一"黄金周旅游营销策划案。

项目 2:根据吉林省现有冰雪旅游资源,进行冬季旅游营销策划。

第八章
旅游线路设计实训

【学习目标】

旅游线路设计是随时代特征、市场需求的变化而不断改变的，我国旅行社现有的旅游产品很多都是千篇一律，很容易被他人复制、超越、淘汰。随着旅游者的旅游经验日益丰富，他们对旅游线路产品和服务更加挑剔，传统的标准化产品和服务已让旅游者感到厌倦，他们开始追求能彰显个性的旅游线路产品，非从众心理日趋增强，旅行社只有不断推陈出新，才能保持持久的生命力。通过本章的学习：

1. 掌握不同主题旅游线路的内涵与特点；
2. 掌握不同旅游主题线路的设计思路；
3. 能够根据需要有针对性地策划线路，配置适当的接待要素；
4. 能够分析不同主题产品的可行性，综合运用线路设计方法设计产品。

业界新闻

定制游快速恢复迎来发展"春天"

"20 个旅游定制顾问，去年暑期每人每天设计 10～15 个方案，现在一天至少要出 20 个方案，有的顾问工作量接近翻倍。"孟海新是飞猪海南百事通国旅专营店的负责人，跨省游重启后，原本平淡的小团定制游异常火爆，让他多少有点始料不及。

《南方日报》记者了解到，受新冠肺炎疫情影响，传统散客大团变成了"非主流"，更为精致的私家团或定制团，受欢迎程度逐渐升高。来自携程的报告显示，定制游订单在跨省游恢复后成倍增长，特别是高端定制业务的需求已经是去年的 2 倍，成为当前旅游业复工复产中最令人惊喜的"黑马"。国内定制旅游公司也纷纷进入全面复工复产的阶段，从业人员的信心大幅提升。

资料来源：蔡华锋. 定制游快速恢复迎来发展"春天"[N]. 南方日报，2020-08-07.

第一节　商务旅游线路设计

一、商务旅游的内涵及类型

（一）商务旅游的内涵

商务旅游发展由来已久，商务旅游产品是随着商品经济的发展而发展的。传统的商务旅游产品产生较早，服务内容也比较简单；而在市场经济高度发达的时代，传统商务旅游产品的服务内容越来越丰富，服务质量也在不断提高。世界旅游组织将商务旅游定义为："出于商业的目的，人们到达并在非居住地停留的活动。"早期的研究认为："商务旅游又称商业旅游，是以经商为目的，把商业经营与旅行、游览结合起来的一种旅游形式。"

现代意义上的商务旅游是指商务人士在商务活动过程中产生的所有旅游消费行为。除了传统的商贸经营外，还包括参加行业会展、跨国公司的区域年会、调研与考察、公司间跨区域的学术交流、产品发布会，以及公司奖励旅游等。

（二）商务旅游的类型

由商务旅游的定义可以知道，现代旅游业的发展使商务旅游的内涵和外延都有所扩展。商务旅游不再局限于经商与旅游活动的结合，它涵盖了所有因工作关系到外地从事与商贸事务有关的个人或集体活动，具有多种类型。

1. 商务会议

商务会议包括各种大会、年会、论坛和展览会等。按会议组织者和会议目的，商务会议可分为协会会议（年会、研讨会和培训会等）、公司会议（董事会、销售会、人员培训会和股东大会等）和政府会议，此外还有展览会、博览会和其他会议（宗教会议）等。其中协会会议和公司会议是商务会议的主流。

2. 奖励旅游

奖励旅游是指企业员工因在工作、生产和销售等方面表现优异而获得的由公司出资或免费外出的旅游。它改变了原来纯旅游的方式，把培训与旅行相结合，把业务会议与奖励性活动相结合。企业员工对奖励旅游的观念从愿意参加单纯的由公司出资的旅游行为转变为参加专业会议或培训以满足自己的成就感和荣誉感。

3. 展览和交易会

展览和交易会通常为大型活动，包括有形商品的展览和交易，以及无形的劳务与人才交流。展览和交易会吸引着成千上万的人前往参观、参展和交易，能够极大地促进当地交通和饭店业的发展。

二、商务旅游者分类及消费特点

（一）商务旅游者的分类

第一类是白领以上阶层，包括老板、高级经理人和 CEO（首席执行官）等。他们的行为代表了市场的一种时尚，但不是市场普遍性的行为，不是主导的方向。从对外服务需求程度、频次及绝对数量上来看，他们并不是商务旅游市场的主流客户，只是市场的最上层。

第二类是白领阶层，他们是商务旅游市场的主体。这类消费者所注重的是体现所在组织的形象，通常对于他们在商务过程中的住宿、交通和组织都有较高限额。尽管消费额度受到一定限制，但是他们在消费总量上是最大的。他们要求在既定费用下服务的高效率、舒适完善和追求便利，他们希望得到商务过程中无缝隙的高效服务配合。

第三类是普通商务消费者，由低层商务消费者和自费商务消费者构成。这类消费者的数量最为庞大，但是其商务费用的限额较低，是商务旅游的低端市场。他们要求的服务内容比前两种类型的消费者要少，通常只追求商务旅游的经济性和高效率。

由于研究方式的限制，本书以第二类、第三类商务旅游者为主要研究对象，因为他们是主流的商务旅游者，代表了市场普遍性的行为，是市场主导行为，对于商务旅游市场的研究具有指导意义。

（二）商务旅游者的消费特点

1. 商务旅游者因工作需要出行

大部分商务旅游者不是自己选择旅游目的地，而是因工作需要或由他人决定。商务旅游者绝大多数是高层白领，文化程度高，收入水平高，旅行经验丰富。商务旅游者出访率高，人均出差 6 次/年，在外停留 4 天/次，约 1/4 的商务旅游者通过旅行社预订。他们对旅行要求方便、快捷、高效，但同时又有很强的独立性，不愿意过多地受人支配。

2. 商务旅游者逗留期限短

与观光度假旅游者相比，商务旅游者逗留期限短，但出游频繁，受季节变化影响小。商务旅游者中以散客旅游者居多，这个市场中的主体是公司的白领阶层。由于商务旅游者的主要出行目的是商务活动，因此在出行时间、出行方式和目的地等方面在出行之前基本上已经确定，对于他们来说，旅游和旅行更意味着工作。

一般观光旅游者所追求的旅游吸引物在他们选择目的地的决策过程中只处于从属地位，商务旅游者的目的地、交通工具，以及从离开到返回居住地的时间并不是由个人所决定的，而更多的是公司意愿的体现。所有这些都意味着商务旅游者在出行过程中和在目的地期间都需要较多的"管家式服务"，以减少其非工作本身所带来的麻烦。

3. 商务游客潜在消费能力高，出差目的比较集中

商务游客的可自由支配收入高于普通游客，潜在消费能力强。携程发布的《2021—2022

商旅管理市场白皮书》数据显示，"差旅侠"中，男性占比 69.3%，工作年限为 5 年及以上的占比 76%，月收入高于 1 万元的占比 63.2%。另外，商务游客所产生的费用是依照所在组织的内部规定或者商务活动的级别标准而确定的，价格因素并不是决定性因素。因此，相对于普通游客而言，商务游客的潜在消费能力更强。

商务游客出差目的比较明确集中。根据《2021—2022 商旅管理市场白皮书》调研结果发现，从差旅目的来看，商务游客参加行业/专业研讨会、销售/客户服务、培训/考察学习所占比率最高，此外，团队建设和奖励旅游也有所回升。从不同行业来看，公共事业、软件研发和信息技术服务业、科学研究和技术服务业参加行业/专业研讨会的比例相对较高；农林牧渔业、批发零售业、金融业以销售/客户服务为目的的差旅较多；而建筑业对于团队建设与奖励旅游的需求相对较强。

4. 商务游客出行频率不一，但对服务要求较高

商务游客是出于特定的业务目的外出旅行的，受其所从事的行业性质影响，其出差频率各有不同。《2021—2022 商旅管理市场白皮书》调研数据显示，2021 年建筑业、公共事业、金融业、房地产等行业的出差频率相对较高，年均出差 9 次及以上的达 23%以上。从出行人群来看，已婚有子女的人群是出差主力军，25～44 岁中青年人群及 55岁以上中高层管理人员的出差频次相对更高。

商务游客的旅行预订期短，要求在短时间内办妥一切手续和交通票据，能够快捷准时地到达目的地。由于其消费水平高，交际应酬多，所以对服务的要求也相应提高。根据《2021—2022 商旅管理市场白皮书》调研结果发现，在预订机票时，商务游客更偏好靠窗座位，重视机上附加服务，偏好地方特色餐食；在乘坐火车时，更看重舒适度和安静空间；在预订酒店时，近七成的商务游客会受到酒店的网络评价的影响，对酒店个性化服务体验及设施较为关注。

5. 时间观念较强，对办公条件要求较高

商务旅游者旅行日程安排紧凑，强调效率。因此，他们希望旅行社提供的线路能特别注意时间上的衔接，不希望因为手续而耽误工作。商务客人比较追求现代化设施，10个商务客人中就有 6 人在飞机上使用便携式计算机，酒店中这个比例则高达 97%，超过半数的人出差在外时使用互联网。另外，对电传、传真及国际直拨电话等使用频率也较高。

6. 商务旅游者身份地位较高，宣传性强

商务旅游者通常为科学家、医生、企业高级管理人员和商场推销人员等专业人士，他们是很受欢迎的旅游者，可以很好地提高当地知名度，当地可借此树立良好的旅游目的地形象。由于他们教育水平较高，自主意识也很强，所以商务旅游者往往被学者们称为"财富型超级旅游者群"。商务旅游者的身份、目的和目标与观光旅游者有很大区别，前者在人际关系和文化传播、商品和商务上有着市场经济的专业性色彩，对经济的繁荣和发展起着显著的推动作用。

三、商务旅游线路的设计思路

（一）商务旅游线路设计的定制

目前，无论是从供给还是从需求的角度看，国内外旅行社在商务旅行服务领域的开发状况都表现出明显的层次性。

从供给的角度看，发达国家的旅行社在商务旅行服务领域的专业化水平日趋完善。一些大型旅行社表现出良好的专业素质，形成了各具特色的商务旅行服务模式，并且这些服务模式通过旅行社的各级销售网络得到广泛推广。

商务旅行服务业务成为许多国外大型旅行社的主要收入来源。而国内旅行社在商务旅行服务领域尚处于起步阶段，由于介入此领域的时机相对较晚，目前国内专门从事商旅服务的旅行社相对缺乏。尽管许多旅行社都已涉足商务旅行服务市场，但是，通常都将其作为非主营业务，服务形式也大都沿用传统旅游服务的固有模式。因此，从整体上看，我国旅行社在商务旅行服务领域尚处于服务"结构性供给不足"状态。

从需求的角度看，发达国家的企业、社会团体及政府组织等商务旅行主体，都倾向于将其组织内部的所有商务旅行相关事务交由旅行社、差旅管理公司和会议策划公司等专业性的旅行服务企业和机构进行管理，以达到降低差旅费用和管理成本的目的。而国内商务旅行服务的潜在客户对于专业差旅管理服务普遍持观望态度，仅有少部分大型跨国企业集团接受这种方式，而中小型企业对于商务旅行管理服务的需求还处于"自发性阶段"。

伴随着供需问题的突出，针对目标市场的定制策略就显得格外重要，它要求供需双方共同参与个性化定制生产。信息技术的支持使得商旅企业能够及时适应顾客的需要来开发、设计产品，同时，也可以使产品和服务的设计生产与销售一体化。销售人员与顾客共同设想和改进设计中的产品，产品的生产周期也可以大大降低。个性化的需求使顾客的主动性大大增强，这就要求营销者与顾客要交互式地共同参与设计生产，以充分体现产品的个性化特征。

（二）商务旅游线路设计的定价

商务线路产品定价策略要充分体现顾客差别化。由于信息沟通的一对一方式和定制化营销的发展，产品生产出现了非标准化，从而为企业定价非标准化打下了基础。顾客所购买的旅游产品的价格将与他要求的定制化程度相关联，这为企业通过定价策略的改变而实现利润最大化打下了基础。

对商务旅游大客户而言，商务旅游服务企业常常要为他们提供差旅管理咨询、资金使用计划制订等方面的服务，这一方面加大了产品和服务的差别度，另一方面也提高了产品和服务中的知识含量，这就提升了产品的附加值。如果商旅企业所能提供的产品和服务中可以包含更多的技术和知识含量，它们就拥有制定更具差别化价格的可能。

（三）商务旅游线路产品的促销操作

1. 互动沟通功能的加强

促销实质上是一种买卖双方的信息沟通活动。一对一营销观念的引入使得新一代的沟通方式更加专业化和明确化。促销的功能进一步加强，而且是一对一营销，强调与顾客同步的互动性促销。

以互联网为主的新一代的传播媒体带来了促销手段的革命，网上媒体，包括商务旅游企业的网站将会成为宣传商旅企业及其形象的最重要的媒体之一。现代信息社会的促销将比以往技术更加先进、成本更低、效率更高，更具有时效性和针对性。促销在市场营销策略组合中的地位和作用将更加重要。

2. 促销媒体向一对一媒体的转化

以网络广告为主体的网络营销可充分借助一对一形式的媒体的特点和优势。企业以广告为主的促销第一次可以实现针对性和影响深度等多重目标的统一。商旅企业可以以顾客信息数据库为依托，通过一对一媒体技术向顾客呈现符合每个顾客特征的信息。

商旅企业可以大规模地同每个顾客沟通，为其定制发送针对其需要、能最大限度地打动他们、对他们产生影响的促销内容，实现有的放矢。同时，网络促销是一种即时性交互活动，其营销效果比传统广告容易测试，企业对促销效果的控制能力也可提高。

第二节　民俗旅游线路设计

一、民俗旅游的内涵及特征

民俗旅游是指人们离开惯常住地，到异地去体验当地民俗的文化旅游行程。民俗文化作为一个地区、一个民族悠久历史文化发展的结晶，蕴含着极其丰富的社会内容，由于地方特色和民俗特色是旅游资源开发的灵魂，具有独特性与不可替代性，因而，从某种意思上来讲，民俗旅游属于高层次的旅游。

旅游者通过开展民俗旅游活动，亲身体验当地民众生活事项，实现自我完善的旅游目的，从而达到良好的游玩境界。目前民俗旅游的内容主要包括生活文化、婚姻家庭和人生礼仪文化、口头传承文化、民间歌舞娱乐文化、节日文化、信仰文化等。

民俗旅游产品在产品形态上既有物化形态的实在物，也有非物化形态的模式或意境，主要体现为旅游目的地的物化景观文化、生活方式、制度和观念文化等。根据旅游者的需求和消费指向，民俗旅游产品的特征概括为四个方面。

（一）地域性和民族性

民俗旅游产品的地域性和民族性是指不同的地域或民族拥有不同的民俗旅游资源，从而可以开发出与众不同的民俗旅游产品。事实上，民族性经常会表现为地域性，因为民俗旅游产品的民族性，只有在聚族而居的地区，才会有最典型的独特特征。民俗是人们社会生活经验的结晶，是不同地域或民族的群体适应自己所处特殊的自然环境与社会环境的结果。在社会历史的发展进程中，身处不同环境和不同发展阶段的人们，创造并传承着千差万别、各具特色的民俗。

民俗旅游产品是以各地区、各民族的民俗为资源基础而开发的旅游产品，因而，必然相应地具有鲜明的地域性和民族性。某个地域或某个民族的民俗旅游产品，与其他地域或民族的民俗旅游产品存在这样或那样的差别。

 扩展阅读

"夜行坎儿井"带来独特体验

"过去，坎儿井到了晚上因为游客少了，工作人员就下班了，从今年开始，坎儿井晚上也开放，并增加了美食、歌舞、购物等项目……"在3月1日举办的2019西部旅游推介会上，吐鲁番大西部旅游股份有限公司总经理张君彦向现场观众推介夜游系列旅游产品之一的"夜行坎儿井"。

据了解，维吾尔语"坎儿井"翻译成汉语是"井穴"的意思。坎儿井由竖井、暗渠、明渠、涝坝（积水池）四部分组成，全疆最多的时候有1 784条，其中吐鲁番有1 108条。目前，新疆境内有水的坎儿井只剩下614条，吐鲁番有水的坎儿井也只剩下404条。坎儿井不仅仅是盆地灌溉农田的重要水利工程，还是重要的历史文化遗产。

"夜行坎儿井"有多大吸引力？会有多少游客愿意参与呢？其实，"夜行坎儿井"在吐鲁番并不是新的旅游项目，早在2018年就有不少旅行社销售过"夜行坎儿井"产品，广东广之旅旅行社便是其一。该旅行社全陪导游罗美丽参与了去年9月4日晚上的"夜行坎儿井"旅游团，她说："白天的坎儿井非常美丽，但是白天的吐鲁番太热了，晚上走进坎儿井内，不仅凉爽了很多，灯光也同样美丽。"

坎儿井民俗旅游区紧挨着坎儿井宾馆，傍晚住宾馆的客人想游览坎儿井的不在少数。为此，坎儿井民俗园打造了"夜行坎儿井"旅游产品。在傍晚温柔的灯光下，游客可以漫步园区，倾听潺潺的流水，呼吸清凉的空气，避开白天的燥热和游客的拥挤，细细欣赏"中国古代三大工程"之一的古老水利工程坎儿井。很多游客体验后都由衷地感叹维吾尔族同胞的勤劳和智慧。

"我们根据旅行社、游客需求，定制'夜行坎儿井'活动，比如在夜晚奉上维吾尔族姑娘、小伙的歌舞，让游客倾听最美的歌声，感受坎儿井的文化魅力。今年，我们还要把景区的夜市做起来，推出特色美食一条街、旅游购物一条街，从订单式向常态化旅游产品转变。"张君彦说。

资料来源：王思超. 夜游吐鲁番 感受"夜文化"[N]. 中国旅游报，2019-04-15.

（二）质朴性

民俗的最通俗理解就是民间风俗，以来源于民间生活的民俗为资源而开发的民俗旅

游产品，它的质朴性特征可以从以下三个方面来理解。

第一，民俗旅游产品的核心内容是反映民间生活的俗文化，而不是各种雅文化。民俗旅游产品体现的内容是民间的社会生活，让旅游者观赏和参与的旅游项目由来自民间的风俗习惯构成。

第二，民俗旅游产品的内容和形式，直接来自真实而自然的民间生活。开发民俗旅游产品，应该尊重民俗的本来面貌，对民俗进行力求真实的艺术再现。例如，开发的喀什高台民居，不仅在建筑样式、内部格局上要恪守历史传统，而且在配置家具方面也要尽可能使用维吾尔族传统家具。

第三，民俗旅游产品具有浓郁的乡土气息和俚俗风味。乡土气息和俚俗风味是民俗旅游产品与其他旅游产品相比差别最大的特征，它们反映了民间生活最本质、最独特的内容与形式。

（三）文化性

民俗作为一种普遍的社会现象，具有深厚的历史文化内涵。民俗以先行设定的方式，塑造了人们的文化心理，同时又以特定的行为方式和物化形态反映了人们的文化心理。例如，艾提尕大清真寺不仅是新疆宗教活动的重要场所，在古代还是传播伊斯兰文化和培养人才的重要学府，天山南北乃至中亚地区许多教阶较高的伊斯兰教神职人员和学者都从这里毕业，其他还有更多的有影响的诗人、文学家、史学家和翻译家早年也在此受过严格的学业培训。中华人民共和国成立后，寺内一些德高望重的爱国守法宗教人士，还被各界人士推举为人民代表和政协委员，同时又埋头著书立说，为新疆的历史与宗教研究贡献力量。由此可见，艾提尕大清真寺承载着伊斯兰教的文化，反映了维吾尔族人民普遍的文化心理。民俗旅游产品直接来源于民俗，能否充分反映民俗旅游资源的历史文化内涵，是决定其生存与发展的关键。

作为一种较高层次的旅游产品，民俗旅游产品的文化性主要表现在以下两个方面。

第一，民俗旅游产品是展现民俗文化内涵的重要载体。

第二，民俗旅游产品是旅游者与当地居民进行文化交流的重要平台。

旅游者通过消费民俗旅游产品，可以直接了解旅游地的历史文化，丰富自己的文化知识，更加广泛地认识自己生活的世界。当地居民通过与旅游者的交往，可以更多地了解外面的社会生活，有选择地吸收其他文化，尤其是优势文化的积极成分，提高本地区或本民族经济、社会、文化的发展水平，以便更好地适应快速发展的世界。

（四）动态性

民俗旅游产品的动态性是指很多民俗旅游产品的形式与内容以及最受旅游者欢迎的消费方式，具有动态特征。民俗旅游产品经常以动态的方式展现在旅游者的面前。虽然民俗旅游产品多种多样，但是，民俗是以人的具体活动为主要载体的一种文化形式，各种民俗事象，无论是行为民俗、意识民俗、语言民俗，还是物质民俗，它们的本质特征总是体现在人们的活动当中。因此，民俗旅游产品的形式与内容受资源特征的影响，具有动态性。

二、民俗旅游产品的分类

作为旅游客体的民俗旅游产品，对其进行分类，有助于建立健全完善的民俗旅游产品类别体系，从而依据类别有针对性地进行目标市场细分，选择受众开展民俗旅游产品开发、设计、策划等一系列营销活动。然而，旅游者作为民俗旅游的主体，其旅游动机对开发民俗旅游产品具有至关重要的作用，只有满足旅游者旅游动机的民俗旅游产品，才能得到市场的认可，获得良好的经济价值。

根据旅游者的旅游动机，可以将民俗旅游产品分为游览型民俗旅游产品、娱乐型民俗旅游产品、度假型民俗旅游产品和体验型民俗旅游产品。

（一）游览型民俗旅游产品

以放松心情、审美观光为主的游览型民俗旅游产品是当前旅游市场最基础和最普遍的民俗旅游产品，它是指旅游产品供给者为满足旅游者游玩观光、释放压力的需求所提供的一系列产品。游览型民俗旅游产品市场规模庞大，但是，旅游消费水平偏低。很多游览型民俗旅游的景区（点）和项目，常常是旅游者走马观花的对象，旅游供给者甚至只能收取门票费，有时还会因为团队的原因而大打折扣。

（二）娱乐型民俗旅游产品

娱乐型民俗旅游产品是指旅游从业者为旅游者提供的、能够满足他们娱乐需要的民俗旅游产品。旅游者动机比较单一，没有消费观光型和体验型民俗旅游者那么复杂。娱乐型民俗旅游产品主要是通过为旅游者提供观赏和参与民俗活动的机会，使他们的身心得到放松和愉悦。消费娱乐型民俗旅游产品的旅游者，比较注重旅游过程中的舒适性、便利性和娱乐性。针对这种要求，在开发娱乐型民俗旅游产品时，应该注重提高旅游设施的档次和旅游服务的质量。

（三）度假型民俗旅游产品

度假型民俗旅游产品是指旅游从业者为旅游者提供的、能够满足他们度假需要的民俗旅游产品。旅游者通过消费度假型民俗旅游产品，可以更多地涉入他乡的生活，不仅能够比较全面地了解民俗现象，而且能够了解民俗现象产生的原因，理解民俗现象背后的文脉和心理，从而更多地认识不同的文化和生产、生活方式。但是，与其他民俗旅游产品相比，度假型民俗旅游产品的规模还比较小。大力开发度假型民俗旅游产品，提高民俗旅游的经济回报，对旅游从业者来说任重而道远。

（四）体验型民俗旅游产品

体验型民俗旅游产品也可以称为参与型民俗旅游产品，是坚持方便旅游者参与的理念而开发的民俗旅游产品。开发体验型民俗旅游产品的基本做法是，在特定的时空中，以各种民俗旅游资源为基础，营造独特的旅游氛围或情景，开展民俗旅游活动和民俗旅游服务。

体验型民俗旅游产品的设计是以民俗旅游资源为平台，以旅游产品为道具，以旅游者为中心，从而为旅游者创造难忘的经历与记忆。体验型民俗旅游产品的特征包括以下几点。

第一，民俗体验的多领域和多层次。多领域是指旅游者从中可以获得审美、娱乐、教育、放松等旅游收获；多层次是指旅游者从旁观到参与，从观众到演员。

第二，旅游者能够在差异化的民俗体验中获得精神享受，提高生活质量。

第三，旅游者必须为参与民俗体验另行付费，而且费用的多少取决于他们的享受与满足程度，与产品的成本关系不大，因而具有较高的附加值。

此外，根据其他的标准，对民俗旅游产品的类型还可以做很多种其他的划分。例如，根据民俗生活的空间，可以把民俗旅游产品分为村寨、山区、水乡、城镇、市井民俗旅游产品等。对这种划分方法只要把握了民俗的地域环境，就可以无限制地划分下去。

根据旅游服务的目的，也可以将民俗旅游产品划分为认知型民俗旅游产品、教化型民俗旅游产品、满足型民俗旅游产品等。对这种划分民俗旅游产品类型的方法，关键是要把握旅游服务最终给旅游者带来了什么样的民俗旅游收获。只要找到具体的划分民俗旅游产品类型的标准，诸如此类的民俗旅游产品就可以一直划分下去。

三、民俗旅游线路设计思路

民俗旅游产品是以特定地域或特定民族的民俗风情为资源，通过静［实物景区（点）］与动（活动项目）的结合，展示异域风俗民情的旅游产品。它不是以观光为主的旅游项目，而是以"入乡随俗"为追求目标所营造的旨在使旅游者亲身经历和参与的文化与生活空间。

民俗旅游产品具有民族性与地域性、质朴性、文化性和动态性等特征，使其不易被外界所知，有些民俗事象也很难被外人理解，因此，在民俗旅游线路设计中，不仅要遵循科学的开发原则、确认合理的开发类型、瞄准合适的开发要素，选择正确的开发策略也至关重要。在体验经济时代，旅游市场的体验性需求促使民俗旅游产品的体验式营销策略势在必行。

（一）明确个性主题，突出感觉体验

后服务经济时代，旅游者已不再满足于传统的大众旅游方式，倾向于对旅游产品个性化、差异化、人性化的旅游体验消费需求。个性主题是以某种特定民俗事物为核心，从设计风格、装饰艺术、表现形式及服务项目等软硬件方面营造氛围，针对目标市场旅游者偏好特点进行个性化设计，并围绕这一主题建设具有局部差异性的民俗产品体验营销经营体系，通过个性化、差异化、人性化的服务项目，满足旅游者不同的心理体验价

值需求。

（二）完善细节设计，强化情感体验

情感体验是以旅游者内在的情感为诉求，致力于满足旅游者的情感需要。例如"神秘的喀喇汗王朝""异域民俗风情之旅"，再诸如"高原冰川""沙漠胡杨""死亡之谷——红旗拉普"等旅游宣传口号能满足旅游者求知、惊奇、探险的情感需求，激发其旅游动机。

在民俗旅游产品开发中，注重体验产品细节的打造，营造和睦、温馨的家庭式体验环境氛围，对各民族赋予特色的日常生活情景进行还原复制，使其再现，让旅游者能够进入特定的情景，领略民族间的不同文化内涵，从而激起旅游者对民俗风情的好奇之心，进而获得情感升华。

（三）增强活动参与，启发思维体验

思维体验就是通过旅游企业事件渲染，增强产品的趣味性和参与性来刺激与诱导旅游者享受其美妙的体验过程，并在这一过程中采用多维度智力启发的方式使旅游者获得认知、思考与教育的体验。

其手段是利用产品"奇、异、惊、赞"的设计特点来刺激旅游者好奇性的心理关联反应，激发旅游者创造性的思维，使其在此过程中不断被产品鲜明的设计特点所吸引，思考一直停留在产品之上，最终获得心理上的巨大满足。而民俗旅游产品的最大优势也就在于它能够使旅游者亲身体验民俗民风、参与各种民间活动。在民俗旅游产品设计时，以旅游者的心理特征和行为模式为基础，设计紧扣人们精神需求的产品；注重活动参与互动性强的服务项目，提供给旅游者一个更深层次、更理性解读的旅游产品平台，使其获得满足感，并引起旅游者的联想和共鸣。

（四）深化产品内涵，培育品牌认同

品牌是人们对一个企业及其产品、售后服务、文化价值的一种评价和认知，是一种信任。品牌已是一种商品综合品质的体现和代表。品牌增值的源泉来自消费者心智中形成的关于其载体的印象。只有当品牌文化被市场认可并接受后，品牌才能产生其市场价值。而品牌塑造需经历"四步走"的一个路径，即品牌定位、品牌形象设计、品牌形象整合传播、品牌形象建设及维护。

第三节　红色旅游线路设计

一、红色旅游的概念和基本特征

（一）红色旅游的概念

红色旅游，主要是指以中国共产党领导人民在革命和战争时期建立丰功伟绩所形成

的纪念地、标志物为载体，以其所承载的革命历史、革命事迹和革命精神为内涵，组织接待旅游者开展缅怀学习、参观游览的主题性旅游活动。它以革命精神为内涵，以旅游为基本形式，组织和接待旅游者参观游览、学习革命历史知识和接受革命传统教育。红色旅游的发展不仅有利于发展经济，还能加强我国人民思想道德建设、弘扬和培育爱国主义精神。

（二）红色旅游的基本特征及消费特点

1. 政府主导是主要方略

中国革命走的是"农村包围城市"的道路，因此发展红色旅游的地区多属于革命老区，分布在偏远的山区地段，经济发展水平低下，旅游基础设施薄弱，发展红色旅游需要政府投入大量资金用于基础设施的建设和完善。红色旅游产品具有公共产品的特点，因而在产品的宣传、促销等方面政府起着主导作用。我国出台多项政策推动红色旅游行业健康发展。

2004 年底，中共中央办公厅、国务院办公厅印发了《2004—2010 年全国红色旅游发展规划纲要》，此后，又陆续印发了《2011—2015 年全国红色旅游发展规划纲要》《2016—2020 年全国红色旅游发展规划纲要》。中央财政、国家开发银行对红色旅游进行政策性贷款支持，2005 年被确定为"红色旅游年"，2021 年 2 月国务院发布《国务院关于新时代支持革命老区振兴发展的意见》等，各方面国家层面的积极响应都体现了我国政府对红色旅游的支持和带动。同时，各级地方政府积极响应，积极出台制定相关优惠政策，提出一系列推进措施，全力支持红色旅游的发展。

2. 市场主体为国内市场

由于特殊的政治意义和国家政体等方面的差异，海外旅游者，特别是外国旅游者对中国的革命历史了解甚少，红色旅游对他们的吸引力不是很大，所以在红色旅游的旅游者结构中，海外旅游者所占的比例相当小，国内客源占据红色旅游客源的主流地位。

根据文旅部数据，2020 年红色旅游规模突破 1 亿人次，结合经济学模型预估，红色旅游经济贡献突破 1 万亿元。去哪儿数据显示，2020 年红色旅游人均消费达到 1 287 元。除了传统的重点红色旅游城市，如临沂、井冈山、韶山、延安、广安、长沙、遵义和瑞金等，不少革命旧址也成为百姓出游的重要选项和网红的打卡地。国家发改委发布的《全国红色旅游经典景区名录》共收录了 200 余个城市的红色景区（点），其中只有 39 个景区（点）位于一、二线大城市，约占八成的景区（点）都在中小城市，大部分的红色景区（点）位于交通并不发达的小城市。

3. 中老年旅游者所占比重大

相较于过去红色旅游主要以企事业单位客群为主体、以团队游为主要出游形式的情况，近年以来，面向个人和家庭的红色旅游产品需求增长明显，跟团游品类的红色旅游产品数量和预订人数持续增长。

途牛旅游网预订数据显示,2021年度红色旅游人群以中老年旅游者为主要消费群体,和前几年的数据相比年轻人也渐成红色旅游主力人群,50岁以上占41%,31～50岁占35%,30岁以下占24%。50岁以上老年人偏向以跟团游形式重走红色景区(点),而年轻旅游者更热爱以自由行方式打卡城市红色景区(点)。

例如在长沙,"白天橘子洲,晚上文和友"成为许多年轻旅游者的"标配"行程。随着红色文化在年轻人群中的认知度和影响力的快速提升,红色旅游客群未来将呈现年轻化、亲子化特征。

4. 观光游览是主要形式

红色旅游是以革命战争年代所遗存下来的文物遗迹为主要旅游吸引物来展开旅游活动的,它的主要目的是在广大青年学生及人民群众中开展革命传统教育和思想政治教育、弘扬民族精神、推进社会主义精神文明建设。由于吸引物的特殊性和不可移动性,现阶段开发出来的红色旅游产品以观光游览为主要形式。

旅游是青少年普遍喜欢参与的具有时尚性、文化性的高层次的消费活动,红色文化与旅游活动的结合,实现了革命传统教育与现代休闲方式的统一。红色旅游的过程,既是观光赏景的过程,也能成为学习历史知识、增长社会见闻、陶冶道德情操、提高自身修养的过程。

5. 周期波动性表现明显

红色旅游受政治性因素和市场化因素的影响比较明显,一般时段主要受市场调节,重大纪念日和有较大纪念活动的时段主要受政治因素影响,因此,红色旅游地接待的客流量会呈现出波浪起伏的特点,有平平淡淡的常态,也有高潮迭起的时段。

宏观时间范围的整体态势中有一定的规律可循,一般5年是一个小高潮,10年是一个大高潮,50周年和100周年的纪念活动则是特大高潮。而在某一年当中,接待高潮则主要集中在"黄金周"和"七一""八一"以及某一重要历史事件的发生日等一些纪念日或有较大纪念活动的时段。另外,由于青少年学生是构成红色旅游游客群体的一个重要组成部分,每年的寒暑假也是红色旅游的旺季。但随着红色旅游开发的深入和市场的成熟,这种波动将会有所减缓。

6. 丰富多彩的旅游形式

开展红色旅游的地方一般多地处偏僻的革命老区,除了拥有当年革命战争年代留下的战斗遗址和革命精神这些必备资源和条件外,能展现当地特殊风貌的良好的生态环境、淳朴的乡土人情、鲜明的地域特色以及热烈的民族风情等旅游资源也非常丰富。因此在发展红色旅游的同时,各景区(点)常常会根据自身的特殊条件和资源优势,综合开展和丰富发展生态旅游、探险旅游、民俗风情游等多种旅游形式,给旅游者带来多种不同感受的旅游体验。

扩展阅读

《可爱的中国》文化之旅:新时期红色旅游的创新实践

二、红色旅游线路的设计思路

红色旅游线路设计开发应紧扣"红色文化"主题，以"红+X"的融合发展思路，有机融合当地地理环境、生态文化、历史文化、民俗文化、乡村文化、典型人物、遗址遗迹等特色资源文化，并借助科技、演艺、创意等方式，开发设计一系列红旅融合线路产品。

（一）"红色 + 绿色"

红色旅游在市场化过程中必须考虑打组合拳的问题，红色旅游与生态旅游的融合发展是未来发展的一种趋势。据了解，目前"红色 + 绿色"是最有发展潜力和最成熟的组合产品。"红色 + 绿色"最有代表性的景区（点）之一就是井冈山，它既是红色旅游的一个胜地，又是绿色生态旅游的一个热点。

在"红色 + 绿色"这一细分领域，目前比较热门的产品和路线除井冈山外，还有充满抗日传奇故事的白洋淀、浙江嘉兴南湖、兼具滨水景观和伟人文化的岳麓山橘子洲头旅游景区（点）、毛泽东的故乡韶山等地。"既要金山银山也要绿水青山"，"红色 + 绿色"如何一体化发展考验着旅游线路设计者的智慧。"红色"与"绿色"要实现相得益彰、双赢互动的效果，可以从以下几方面入手。

一是红色旅游促进绿色发展，如诸多革命老区可以立足"红色 + 绿色"的资源优势，以红色文化为引擎，以青山绿水为底色，突出红色旅游、生态旅游两大主题，老区变景区，从而焕发出新的活力。

二是红色旅游促进绿色产业，以红色为媒介，红色旅游目的地可以大力开发并宣传本地的绿色产业、绿色产品，丰富红色旅游内容的同时，促进本地经济发展。

三是红色旅游促进绿色生活，在红色旅游的过程中可以进一步释放其"红色力量"助红色教育，倡导绿色生活，如通过红色旅游更加生动地体会革命先辈的艰苦奋斗精神，倡导勤俭节约，提升旅游者"光盘行动"自觉性。

（二）"红色 + 乡村"

红色旅游线路开发的科学定位为红色资源与乡村资源相结合，以红色吸引游人，以乡愁留住游人。携程发布的《2021上半年红色旅游大数据报告》指出，延安西柏坡红色胜典景区、沂蒙红色影视基地、大别山红色旅游区、西江千户苗寨、阿拉善腾格里沙漠天鹅湖这些结合了红色与乡村特色的路线普遍受到旅游者喜爱，这些景区（点）的订单量相比 2019 年平均增长 496%。其中，沂蒙红色影视基地 2021 年以来门票订单量相比 2019 年同期大增逾 17 倍，基地打造了沉浸体验剧《沂蒙四季·红嫂》，吸引大批旅游者观看、体验，成为沂蒙红色文化旅游新亮点。

（三）"红色 + 古迹"

开发融休闲性、娱乐性、趣味性和参与性为一体的文化旅游项目，可以增强旅游者的体验感。人们越来越重视旅游项目的参与性，而且参与旅游是增加旅游者滞留时间的有效手段，是增加红色旅游地吸引力的重要途径。红色旅游作为需要用心灵体悟的精神文化产品，不应当只是浅层次地展示存在的历史实物形态或过去的历史事件、故事，而是要求经营者为旅游者提供身心参与的进入方式，在亲身体验中经历心灵震撼，得到精神文化感悟，使红色旅游效应从眼睛文化过渡到心性文化。

除了在革命遗迹旧址上建设展馆、雕塑群、故事廊等，还要开设更有活力的项目，如纳红军鞋，缝制红军帽，编织红军斗笠，穿红军服，住红军屋，吃红军饭红米饭，南瓜汤，唱红歌，开展红色野营拓展训练，模拟野战、地道战、地雷战、麻雀战等战斗场面等，以丰富的形式，让旅游者感受战争年代的艰辛，体验艰苦奋斗的红色精神，激发强烈的斗志。

（四）"红色 + 研学"

2014年"研学旅游"被纳入政府文件之中，国务院首次将"研学旅行"作为青少年爱国主义和革命传统教育、国情教育的重要载体，并纳入中小学生日常教育中。而教育部等多部门也出台相关政策，积极鼓励中小学研学旅行的发展。研学旅游成为近年来旅游市场爆品，它一头连着旅游，一头连着教育，发展态势逐年升温。

《中国研学旅行发展报告》显示，研学旅行市场需求不断释放，总体规模将超千亿元。"红色 + 研学"是在研学旅游基础上附加的功能，也可称为细分市场的升级产品。据了解，目前市场上比较热门的"红色 + 研学"产品和路线有红军长征经过的若尔盖草原、广西百色起义纪念馆、江西庐山会议旧址等，每年吸引了大批中小学生前来研学实践，接受爱国主义和革命传统教育。

第四节　研学旅游线路设计

一、研学旅游概述

研学旅游又称修学旅游，发展久远。从国外发展来看，旅游首先在富裕阶层作为贵族子弟的一种培养方式兴起，典型阶段是 16、17 世纪欧洲地区的大游学（Grand Tour），第二次世界大战后随着大众旅游的蓬勃发展，欧美等国家将旅游作为拓展大中小学生视野、提高跨文化理解能力的教育方式，作为教学要求以毕业旅行、课外活动等形式在学校系统内推广。与该做法类似的为日本的修学旅游，日本在 20 世纪 60 年代将修学旅游作为教学目标纳入全国教育大纲，协调各部门力量向中小学生提供旅游机会。韩国在 20 世纪 80 年代借鉴日本的修学模式经验，将修学旅游在全国进行推广。从国内来看，我国自古代起对旅游便有积极的评价，如"读万卷书，行万里路"，上层社会子弟同样以游览名山大川作为培养性情、陶冶情操的一种方式。改革开放以来，现代旅游业得以快速发展，随着人民生活水平的提高、家长对子女教育的重视，研学旅游多以"冬令营""夏令营"等形式出现。1998 年，最早在广东地区，将研学旅游作为教学要求写入广东省教育大纲，并进行试点工作。2003 年，上海市同样将研学旅游作为教育改革的形式进行推广，但皆因安全、经费、缺少政策支持等多方面原因未能持续发展。2013 年，教育部为了实现教育改革发展纲要的要求，实施素质教育改革新一轮创新举措，在西安、上海、苏州等地区进行研学旅游试点工作，2014 年试点省区扩展到 11 个省市。2016 年，在试点工作的基础上设立研学旅游实验区，进一步推动研学旅游在教育体系内的推广与实施。与此同时，国务院在相关文件中对研学旅游给予了肯定，认为其配合了素质教育改革的发展目标，并支持研学旅游的发展。国家旅游局深入贯彻国务院精神，充分发挥研学旅游的积极作用，同时推动旅游在新常态环境下实现转型升级，对研学旅游的发展予以大力支持。

关于研学旅游的概念，学术界对于研学旅游主体的不同有广义和狭义之分，广义的研学旅游是指任何以求知为目的的旅游者，以增长见识，丰富学识为目的的旅游活动，离开常住地开展的旅游活动。

狭义的研学旅游特指中小学校组织，以学生为主体，以学习知识、适应社会、培育和践行价值观为目标，通过集体参与的方式开展的校外参观体验活动。

二、研学旅游活动的主体及类型

（一）研学旅游活动的主体

研学旅游活动的主体是指以研学为目的进行旅游的研学者。在传统研学旅游定义中，主体指的是国内外的中小学生和大学生。但现今在研学旅游市场需求变化和全域旅游发展的大环境下，出现了新型研学旅游定义，其主体、概念和内涵都有所变化，新型研学旅游主体覆盖群体更为广阔，其中包括青少年学生、高校学生、家庭团队和社会青年等以学习为目的进行研学旅游的群体。其中，青少年学生主要指小学生、中学生及高中生，参与研学旅游多以学校组织形式为主。高校学生通常指在校大学生，以国内跨校交流和出国研学交流等形式为主，还包括一些自主前往研学基地进行学习的形式。家庭团队是指以家庭成员为主的研学旅游团队，其形式是大人带小孩进行早期教育为目的的进行研学旅游的群体。社会青年是指已经步入社会的 15～35 岁的群体，自发组织团队，以开阔个人视野为目的进行研学旅游。

（二）研学旅游活动的类型

研学旅游活动主要有红色文化研学旅游类、自然景观研学旅游类、科技内容研学旅游类、军事文化研学旅游类等学游结合的方式。不同类别有着明显不同意义，但主要还是通过旅游的途径进行体验性教学方式。

红色文化研学旅游，是以红色文化为核心，进行体验性革命洗礼的一种研学旅游方式。自然景观研学旅游类，是以自然景观为核心，结合自然类课程进行体验性学习的一种研学旅游方式。科技内容研学旅游类，是以高科技作为主要核心课程内容，进行体验性学习的一种研学旅游方式。军事文化研学旅游类，是以军事博物馆为主要课程内容，进行学习的一种研学旅游方式。

三、研学旅游线路设计开发原则与思路

（一）研学旅游线路设计开发原则

为了更好地开发研学旅游产品，适应青少年学生的心理和生理特点，研学旅游线路设计应遵循以下原则。

1. 教育性

研学旅游作为素质教育的一种形式，是对中小学生室内课堂的一种补充，让广大青少年在室外开阔的空间中拓展视野、提高能力，具有以教育为主的目标。教育性是研学旅游资源的核心特征，研学旅游产品开发也要遵循"教育为核"这一原则，在研学旅游产品开发中要体现产品对青少年核心素养培养的作用。因此，研学旅游线路开发必须注重教育性。

2. 体验性

体验性本就是旅游活动具备的属性之一，研学旅游产品中包含有形和无形的旅游产品，如历史文化遗产中非物质文化遗产是无形的，因此需要在线路开发中多包含体验性强的活动，让青少年在参与活动过程中学习到更多非遗内涵。研学旅游线路开发要注重体验性原则，将不能通过物质呈现的旅游资源与体验性活动结合起来，使青少年更易于理解传统的历史文化和精湛的技艺，在精神上得到震撼。

3. 公益性

研学旅游相对于其他旅游产品来说，针对的旅游消费者主要是中小学生群体，这一群体的消费水平非常有限。研学旅游产品多是利用将社会公益性质的资源，作为研学旅游产品的开发，如博物馆、科技馆具有公益性资源。因此，研学旅游线路开发也应是公益性的，为中小学生这一旅游消费群体服务。

（二）研学旅游线路设计思路

1. 深化研学旅游主题

深化研学旅游的主题主要体现在两个方面：第一，保证研学旅游"寓教于游"的主题，深度挖掘开发地的旅游资源，深化研学旅游与开发地研学旅游资源的关系，让中学

生在参与研学旅游活动中学习知识、提升个人综合素质，深化研学旅游产品"教育、实践、德育"的主题；第二，根据中小学生的研学动机和中小学生的课程安排设计研学旅游产品，根据学生学习知识、实践拓展的旅游动机，结合课程安排和教学目标，深化研学旅游主体的深度与广度。

2. 注重研学体验性

研学旅游产品开发应将体验设计为研学旅游的一部分，为中小学生提供具有特色的旅游产品，设计具有辨识度的研学旅游产品。中小学生在体验参与中身心得到满足，获得"畅"的享受，成为一次难忘的旅游记忆。产品设计满足中小学生的需求，结合线路设计中核心旅游资源，提炼研学旅游体验的主题。

设计的体验活动项目以教育、审美、娱乐为主体；设计的体验项目具有差异性；体验类型应多元化；旅游产品设计具有高参与性，需要有中小学生才能够完成的项目；使中小学生获得精神的满足，满足中小学生学习知识、实践拓展体验的需要。

扩展阅读

深挖创新　陕西研学再出发

第五节　康养旅游线路设计

一、康养旅游概述

最早的健康旅游大致可追溯到古罗马时期，起源于欧洲的温泉旅游。1326 年，在比利时南部的一个小镇产生了第一个温泉疗养地"斯巴"（SPA），后来发展成为温泉旅游胜地的代名词。

马勒和考夫曼将健康旅游定义为在旅行途中及停留期间发生的各种现象和关系的总和，目的是维持和促进旅游者的身心健康。澳大利亚学者布谢尔将健康旅游定义为"一种通过传统和非传统医疗旅游服务方式，让旅游者放松身心，缓解工作压力，从而促进身体健康发展的旅游方式"。

20 世纪 30 年代，在美国、墨西哥等地，为了逃避因城市工业化而造成的道路拥挤、环境污染严重等问题，人们选择到环境优美的地区度假旅游，养生旅游由此兴起。当时的人们选择这种旅游形式的目的是在清新优美的自然环境中养生，这也带动了各类温泉养生旅游产品的蓬勃发展。

目前，古巴、新加坡、泰国、印度等非传统欧美区域的国家对养生旅游的开发较为完备，发展状况较好，这些国家的主要客源市场是欧美发达国家，每年都吸引大量的欧美旅游者。世界卫生组织将养生定义为：养生不仅仅是为了远离疾病或延年益寿，它还着重于提前预防疾病并改善身体健康状况和生活质量，从而使身体、精神和社会各方面都处于良好状态。

伯尼尔大学休闲旅游研究中心指出："养生旅游是游客为了促进健康而改变活动区域，从而引起一系列关系的改变和新的现象发生的旅游形式。"

世界养生协会和世界养生酒店联盟则对养生旅游的定义是：养生旅游是一种为保持和促进个人身心健康而进行的旅游。考夫曼认为康养旅游是基于游客特殊需求的一种旅游形式，是人们主动维护或改善健康状况的一种方式。康养消费者通常通过使用天然疗法（例如补充维生素和矿物质）来改善健康状况或者寻求更美好的感官体验，比如减轻体重、延年益寿、减轻身体疼痛或不适、减轻压力等。还有观点认为康养旅游是达到幸福的专项度假旅游形式。

二、康养旅游线路设计的思路

（一）"森林＋康养"模式

该模式是在森林公园中进行观光游览，并结合不同年龄人群康养特点安排活动。比如：观光游览类适合老年人，可以安排打太极、下棋等一些舒缓运动；运动娱乐类适合儿童或者亲子活动，可以安排丛林穿越娱乐项目。娱乐项目主要让旅游者在玩耍的同时进行一些简单的运动，既从中体验到了快乐，又锻炼了身体。

（二）"医药＋康养"模式

该模式是利用中草药种植基地开展以"带你认识中草药"为主题的旅游活动，旅游者进入基地后，先听医学专家传授中草药的相关知识，对各种中草药有一个简单的了解，讲解结束后，旅游者就可以在基地内寻找并采摘中草药，采摘结束后，可以组织旅游者玩一个小游戏，就是把自己摘下的中药与药名对号入座，匹配成功数量最多的旅游者获胜，可以获得专属旅游纪念品，游戏结束后每名旅游者都可以获得一次亲手捣药的机会，在专业人员的指导下制成药膳。这个活动的开展能够让旅游者走近中草药，深入了解各种草药的功效，能够正确运用它们调理身体，达到健康养生的目的。

（三）"温泉＋康养"模式

1. 休闲温泉游

这种模式以亚健康人群为主要目标群体，特别是上班族，他们身体综合指标都有所降低，身心都需要慢慢疗养才能恢复最佳状态。设计综合型休闲温泉旅游线路，以泡温泉为核心，增加汗蒸、餐饮、游泳、理疗、按摩和健身房等相关健身休闲服务，满足旅游者多方面需求。

2. "药浴"温泉游

这种模式是根据旅游者不同需求设计相应的"药浴"温泉。

扩展阅读

"文化＋科技"双轮驱动
康养旅游高质量发展

旅游者对于药浴都是非常感兴趣的，但由于每个人身体状况不同，在药浴疗养方面不能一概而论，因此可以开发两类：一类大众需求，根据旅游者共同性需求设计大型药浴池，并要详细说明使用者的身体状况和注意事项，以免出现问题；另一类个性需求，根据旅游者个体需求定制设计相应的药浴池，这个适合单独旅游者使用，来满足旅游者个性化需求。

第六节　乡村旅游线路设计

一、乡村旅游的概念及特点

（一）乡村旅游的概念

乡村旅游是指发生在以农业生产为主的乡村地区，依托其特有的乡村性吸引力资源，如自然风光、人文景观等，满足旅游者观赏乡村风光、体验农业生产、了解民俗风情和回归自然的需求，为旅游者提供一种集观光度假、休闲娱乐、学习教育等于一体的综合性旅游体验活动。

（二）乡村旅游的特点

1. 乡土文化性

乡土文化性是乡村旅游最典型的特质。乡村旅游活动发生在地域辽阔的乡村空间中，有着乡村优越的生态环境、丰富的文化旅游资源、淳朴的乡风民俗和众多的特色农特产品，这是乡村旅游强大的吸引力所在，也是乡村旅游存在和发展的重要根基。

2. 旅游资源的生态性、可持续性

乡村旅游是由农业与旅游业不断融合而衍生变化的旅游产品，这是基于农业生产条件和各种资源的开发而形成的。因此，它具有一定的季节性、区域性的特点。

乡村地区特有的农业生态景观和原始的乡村文化资源，以及在农业生产过程中所进行的农事生产活动、生产劳作习俗等资源，在开发利用过程中，要原真保护，进行科学管理、合理挖掘，让资源可以永续利用，一旦这些资源遭到破坏，就会影响乡村的农业发展以及乡村这一特有的载体和空间环境。

3. 参与体验的综合性

参与体验的综合性是当下乡村旅游发展的最显著特点。随着乡村旅游的高速发展、人们生活水平的日益提高，乡村旅游资源开发内容和形式也发生了巨大的变化，从传统意义的以乡村生活、乡村民俗和田园风光为主的单一方式，已转向生态、生产、文化、科技和生活相互共融的，集观赏体验、参与学习、娱乐休闲等于一体的经营性活动。

二、乡村旅游线路设计思路

（一）体现人本主义精神

满足旅游者对乡村的体验需求，设计具体线路时要以旅游者的实际需要为出发点，关注旅游者需求的变化，设其所需，开发出适销对路的旅游线路。乡村生态景观的多样性和民俗文化的丰富性为旅游者体验乡村提供了丰富多彩的"场景"，通过对这些资源的个性化整合，让旅游者产生欣喜、惊讶等情感方面的体验，从而引发旅游者的情感共鸣。

（二）注重赋予乡村旅游线路文化内涵

乡村旅游的目的不仅是获得一段暂时的休憩，还包括感受不同于自身日常生活所在地的独特文化氛围，是一种满足精神需求的文化审美活动。充分挖掘民族文化中丰富的营养，赋予乡村旅游线路一定的文化内涵，能为旅游者带来高层次的精神方面的享受，同时提升乡村旅游的档次，提升旅游产品竞争力。

扩展阅读

乡村旅游线路设计的"一二三"

（三）旅游线路以时间短距离近为宜

大多数农村的硬件生活设施、卫生条件和夜生活的单调乏味对于习惯了城市生活的旅游者尤其是青年旅游者来讲，满足不了他们长时间的旅游生活需要，所以乡村旅游线路的设计应以时间短距离近为宜。

案例讨论

研学游必须把教育功能放在首位

（四）主题突出、特色鲜明

农村旅游大多山清水秀，自然资源相似度高，但是各地旅游资源的丰厚度、特色度、组合度及区位条件是不同的，突出各线路的主题不仅现实而且必要。一要突出乡村自然景观优势；二要突出乡村的传统文化优势；三要突出体现民族特色。

 思考练习题

1. 商务旅游者的消费特点有哪些？
2. 民俗旅游产品有哪些类型？
3. 如何在研学旅游线路设计中保障安全性？

 实务操作

（从下列项目中选择一个项目进行实务操作）

项目1：结合吉林省的旅游资源，设计出一条民俗旅游线路。

项目2：选择某一条旅游线路，评析该条线路中旅游六要素的组合情况。

参 考 文 献

[1]   黄翔. 旅游节庆策划与营销研究[M]. 天津：南开大学出版社，2008.
[2]   陈启跃. 旅游线路设计[M]. 上海：上海交通大学出版社，2010.
[3]   赵西萍. 旅游市场营销学[M]. 北京：高等教育出版社，2011.
[4]   李君轶. 旅游市场调查与预测[M]. 北京：科学出版社，2012.
[5]   李享. 旅游市场调查与预测[M]. 北京：清华大学出版社，2013.
[6]   刘宇青. 高铁开通对消费者旅游线路节点选择的影响研究[J]. 消费经济，2014，30（6）：49，
       60-64.
[7]   王忠元. 移动电子商务[M]. 北京：机械工业出版社，2015.
[8]   李倩. 考虑用户口碑的旅游计划个性化推荐方法研究[J]. 管理评论，2016，28（6）：113-118.
[9]   罗畅. 浅谈旅游线路设计对我国旅游业的影响[J]. 现代经济信息，2017（21）：290-291，303.
[10] 杨富斌. 旅游法判例解析教程[M]. 北京：中国旅游出版社，2017.
[11] 黄恢月. 包价旅游合同服务法律指引[M]. 北京：中国旅游出版社，2018.
[12] 王颖，易兰兰. 旅游线路设计[M]. 北京：中国农业科学技术出版社，2018.
[13] 娄思元. 自驾旅游线路分类空间功能分析——以保山、德宏两地为例[J]. 经济地理，2018，38
       （3）：217-224.
[14] 王志凡. 旅游心理学实务[M]. 武汉：华中科技大学出版社，2019.
[15] 林德荣，郭晓琳. 旅游消费者行为学[M]. 重庆：重庆大学出版社，2019.
[16] 陈加明. 北京"古建筑"文化八日游主题线路设计方案研究[J]. 地产，2019（21）：47-50.
[17] 尹立杰，尹苗苗. 基于网红美食的专项旅游线路设计——以南京市美食休闲为例[J]. 中国商论，
       2020（23）：54-57.
[18] 杨珊，王媛，许鑫，等. 拾海派繁花：以张爱玲文学为例的主题性旅游线路设计[J]. 图书馆论坛，
       2020，40（10）：32-41.
[19] 中华人民共和国民法典适用一本通 合同编[M]. 北京：人民法院出版社，2020.
[20] 李文玉. 烟台非物质文化遗产旅游线路设计研究[J]. 旅游纵览（下半月），2020（10）：116-117.
[21] 李帅，汪琳，朱创业. 文旅融合视角下浙江省红色旅游线路设计[J]. 绿色科技，2021，23（15）：
       197-199.

参考网站：

[1]   百度百科. https://baike.baidu.com
[2]   北京市旅游委网. http://www.bjta.gov.cn
[3]   携程旅行网. https://www.ctrip.com/
[4]   中国旅游研究院（文化和旅游部数据中心）. http://www.ctaweb.org.cn/
[5]   中华人民共和国文化和旅游部. https://www.mct.gov.cn/
[6]   中国旅游新闻网. http://www.ctnews.com.cn/
[7]   去哪儿网. https://www.qunar.com/

[8]　马蜂窝. https://www.mafengwo.cn/

[9]　中国旅游网. http://www.cntour.cn/

[10]　中国旅游饭店业协会. http://www.ctha.com.cn

[11]　中国旅游协会网. http://www.chinata.com.cn

[12]　中国消费网. http://www.ccn.com.cn

教师服务

感谢您选用清华大学出版社的教材！为了更好地服务教学，我们为授课教师提供本书的教学辅助资源，以及本学科重点教材信息。请您扫码获取。

≫ 教辅获取

本书教辅资源，授课教师扫码获取

≫ 样书赠送

旅游管理类重点教材，教师扫码获取样书

 清华大学出版社

E-mail: tupfuwu@163.com
电话：010-83470332 / 83470142
地址：北京市海淀区双清路学研大厦 B 座 509

网址：http://www.tup.com.cn/
传真：8610-83470107
邮编：100084